汽车企业
数字化转型
路线图

董方岐　门峰 ◎ 主编

Digital
Transformation

中国纺织出版社有限公司

内 容 提 要

汽车产业是国民经济的重要支柱产业，是制造强国和网络强国建设的重要支撑和融合载体。本书构建了汽车企业数字化转型体系架构，分析了数字场景创新驱动数字化转型的实施路径，明确了汽车企业数字化转型的现状及趋势，并结合汽车产业全价值链 8 个业务环节特点，编制数字化转型总体路线图、子领域总路线图及细分板块路线图，以探究汽车企业数字化转型的战略方向及保障措施。研究结论为推动国家数字化转型相关政策制定，以及帮助行业企业明确数字化转型发展现状、短板，规划未来转型路径提供有力支撑。

图书在版编目（CIP）数据

汽车企业数字化转型路线图 / 董方岐，门峰主编. -- 北京：中国纺织出版社有限公司，2024.6
ISBN 978-7-5229-1750-4

Ⅰ.①汽… Ⅱ.①董…②门… Ⅲ.①汽车企业—工业企业管理—数字化—研究 Ⅳ.①F407.471

中国国家版本馆CIP数据核字（2024）第087323号

责任编辑：段子君　哈新迪　　责任校对：高　涵
责任印制：储志伟

中国纺织出版社有限公司出版发行
地址：北京市朝阳区百子湾东里 A407 号楼　邮政编码：100124
销售电话：010—67004422　传真：010—87155801
http://www.c-textilep.com
中国纺织出版社天猫旗舰店
官方微博 http://weibo.com/2119887771
河北延风印务有限公司印刷　各地新华书店经销
2024 年 6 月第 1 版第 1 次印刷
开本：710×1000　1/16　印张：10.75
字数：100 千字　定价：62.80 元

凡购本书，如有缺页、倒页、脱页，由本社图书营销中心调换

编委会

指导专家

金涛　秦超　崔增辉

主编

董方岐　门峰

编委会成员

商博雅　王冕　刘树　刘双虎　李惠　包伟伟　方红燕　李佳蓉　戴小桐

参编单位（单位排名不分先后）

中汽数据有限公司

出行服务组：孟菲、李冰阳、祖明宇、梁潘纯

售后组：李普超、刘英男、许彬

产品组：孟健、王镭、常凯迪、王景景

供应链组：刘琳、李雪妍、林锦州、陈辰

中汽研（天津）汽车工程研究院有限公司

研发设计组：郝剑虹、闫晓晓、邹楠、武子骞

中汽研汽车检验中心（天津）有限公司

试验测试组：隋航、潘小龙、李汉鹏、刘晶晶

中汽研汽车工业工程（天津）有限公司

生产制造组：李恺、廖少华、胡成琳（天津中德应用技术大学特派员）

中汽信息科技（天津）有限公司

营销组：王文斌、王华珺、郑云爽、王晓杰

中汽研华诚认证（天津）有限公司

治理体系组：陈科、牟薇、王涛、宋景旭

前言

数字经济全球化是大势所趋，习近平总书记多次强调，要抓住新一轮科技革命和产业变革的重大机遇。汽车产业作为国民经济的重要支柱产业，是制造强国和网络强国的重要载体，亟须以数字化转型为抓手，开展全方位、系统性的变革。然而，企业在实际转型过程中普遍存在顶层规划不具体、转型路径不清晰、核心技术有短板、产业生态不健全等突出问题。对此，本书构建了汽车企业数字化转型体系架构，分析了数字场景创新驱动数字化转型的实施路径，明确了汽车企业数字化转型的现状及趋势，并结合汽车产业全价值链8个业务环节的特点，编制了数字化转型总体路线图、子领域总路线图及细分板块路线图，以探究支撑汽车企业数字化转型的战略支撑及保障措施。研究结论为推动国家数字化转型相关政策的制定，以及帮助行业企业明确数字化转型发展现状、短板，规划未来转型路径提供有力支撑。

本书主编董方岐、门峰，编委会成员有商博雅、王冕、刘树、刘双虎、李惠、包伟伟、方红燕、李佳蓉、戴小桐。参与写作的还有中汽数据有限公司、中汽研（天津）汽车工程研究院有限公司、中汽研汽车检验中心（天津）有限公司、中汽研汽车工业工程（天津）有限公司、中汽信息科技（天津）有限公司、中汽研华诚认证（天津）有限公司。本书的成果是各位作者在数字化转型领域深耕多年的智慧结晶。

感谢中汽研汽车工业工程（天津）有限公司的金涛、秦超、崔增辉三位专家在本书编制过程中给予的指导和支持，更感谢三位专家对汽车行业数字化转型建设做出的贡献！

感谢中央汽车企业数字化转型协同创新平台的王思翔、郭辉、李思默等，从读者的视角对研究内容进行仔细审核。

感谢为本书编制提供素材的专家团队，包括中国一汽、东风公司、长安汽车、中汽工程、天津理工大学、中汽创智、上汽通用五菱、广域铭岛、中软国际、深圳联友、中国移动、华润集团等，本书的诸多内容得益于专家团队的努力。

当前，数字化转型已然成为推动整个汽车行业发展的重要路径，随着转型进程的不断加快，编委会成员在数字化转型领域的探索正在不断深入。对于本书中存在的不足之处，恳请读者批评指正！

编委会全体成员
2023 年 12 月 22 日

目 录

第1章
汽车企业数字化转型概述

1.1　数字经济概述 / 2

1.2　汽车企业数字化转型的必要性 / 5

1.3　汽车企业数字化转型路线图的价值意义 / 11

第2章
数字化转型体系架构

2.1　数字化转型概述 / 14

2.2　数字化转型体系架构 / 19

2.3　汽车企业数字化转型体系架构 / 21

第3章
数字场景创新驱动数字化转型的实施路径

3.1　数字场景创新的概念与内涵 / 26

3.2　数字场景创新对企业数字化转型的意义 / 34

3.3 数字场景创新"五部曲" / 40

第4章
汽车企业数字化转型的现状及趋势

4.1 汽车企业数字化转型的发展现状 / 54

4.2 汽车企业数字化转型发展的问题及需求 / 59

4.3 汽车企业数字化转型发展趋势 / 67

第5章
汽车企业数字化转型的总体路线图

5.1 技术路线图架构 / 74

5.2 长期目标 / 81

5.3 核心能力 / 85

5.4 系统性解决方案 / 93

5.5 治理体系 / 97

第6章
汽车企业数字化转型子领域总路线图及细分板块路线图

6.1 产品领域数字化转型路线图 / 104

6.2 研发设计领域数字化转型路线图 / 110

6.3 生产制造领域数字化转型路线图 / 115

6.4 试验测试领域数字化转型路线图 / 119

6.5 供应链领域数字化转型路线图 / 123

6.6 营销领域数字化转型路线图 / 128

6.7 售后领域数字化转型路线图 / 132

6.8 服务领域数字化转型路线图 / 136

第7章
战略支撑与保障措施

7.1 国家层面 / 142

7.2 行业层面 / 144

7.3 企业层面 / 146

第8章
结论与展望

参考文献

第1章
汽车企业数字化转型概述

1.1 数字经济概述

当前,世界正在经历百年未有之大变局,新一轮科技革命和产业变革加速演进,影响世界大国竞争乃至人类进程的"第四次科技革命"正悄然发生。汽车产业作为国民经济的重要支柱产业,具有产业链长、辐射面广、技术精密等特点,是实现制造强国和网络强国的重要载体。

抢抓新一轮科技革命和产业变革的重大发展机遇,把握数字化、网络化、智能化融合发展的契机,推动我国汽车制造业高质量发展,做强做大民族品牌具有十分重要的意义。2021年10月,国务院国资委、工业和信息化部签署《关于加快推进中央企业两化融合和数字化转型战略合作协议》,旨在加快推动数字技术与实体经济深度融合,支撑制造强国数字中国建设。相关政策的发布旨在推动行业企业把握数字经济发展历史机遇,增强自主创新能力,加强协同创新与融合发展,引领带动制造产业转型升级。

当前,我国汽车产业已进入新发展阶段,亟须以数字化转型为抓手,培育汽车产业发展新动能,布局我国经济发展新赛道。虽然汽车企业已普遍认识到数字化转型的重要性和紧迫性，但随着转型节奏的加快，矛盾问题开始凸显，在实际转型过程中存在顶层规划不具体、管理决策流程长、核心技术有短板、产业链供应链自主可控能力不足、用户数字化需求场景挖掘不充分、跨界生态合作不协调等问题，缺乏有效的指导性文件帮助企业明确转型发展方向及路径。

1.1.1　数字经济成为全球经济增长新动能

近年来，在地缘政治局势紧张、"黑天鹅事件"频发、全球价值链重构等多重因素的共同影响下，全球经济持续面临不确定性。为带动经济繁荣发展，以新一代信息技术为核心的科技革命和产业变革加速兴起，呈现"变格局、高技术、强产业、优政策、新经济"的五大趋势特征，推动工业经济向数字经济加速转型过渡，从以专业化分工为核心的规模经济发展范式，向以多样化创新为核心的范围经济发展范式转变，为我国强国建设带来重大发展机遇。

数字经济是以数据资源为关键生产要素、以现代信息网络为重要载体、以信息通信技术的有效使用为效率提升和经济结构优化的重要推动力的一系列经济活动。该经济模式能够快速适应需求和竞争环境的变化，通过发挥数据作为重要生产要素的关键作用，加强以信息通信技术为代表的先进生产力培育，缩短产品研发周期，推动低成本、大规模、个性化定制生产模式发展，有效应对不可预知的产业链供应链中断问题，加速跨产业合作交流，打造更加开放的价值生态，进而推动生产生活方式的全方位重塑。面对复杂多变的经济发展环境，数字经济为全球经济发展注入新动能，拓展新空间。2021全球数字经济大会的数据显示，2020年全球47个国家数字经济规模总量达到32.6万亿美元，同比名义增长3.0%，占GDP比重为43.7%；我国数字经济规模增速9.6%，位居全球第一。

1.1.2 数字经济上升到我国发展战略高度

近年来，数字经济发展速度之快，辐射范围之广，影响程度之深前所未有，正在成为重组全球要素资源，重塑全球经济结构，改变全球竞争格局的关键力量。从2015年12月习近平主席在第二届世界互联网大会开幕式上首次提出"推进数字中国建设"，到"数字经济"概念被写入党的十九大报告，再到2021年"十四五"规划强调大力发展数字经济，我国数字经济的政策地位越来越高，逐渐上升为国家战略。习近平总书记在中共中央政治局第三十四次集体学习时强调，要促进数字技术与实体经济深度融合，赋能传统产业转型升级，催生新产业新业态新模式，不断做强做优做大我国数字经济。为深入贯彻落实习近平总书记的重要指示精神，国务院印发《"十四五"数字经济发展规划》，提出到2025年，数字经济核心产业增加值占国内生产总值比重达到10%。展望2035年，数字经济将迈向繁荣成熟期。

从供给侧看，随着以大数据、人工智能为代表的新一代数字技术与实体经济的深度融合，数字经济逐渐由第三产业向第二产业延伸，推动产业数字化进入从量变到质变的发展阶段。从需求侧看，数字经济推动生产力和生产关系发生彻底重构，5G技术与工业互联网基础设施为生产力提供技术保证，数据资源的交换与变现塑造有序的生产关系，生产力和生产关系的协同共振将为数字产业化孕育广阔的发展空间。

1.2 汽车企业数字化转型的必要性

1.2.1 全球汽车产业经历重大变革

近年来，新一代信息通信技术与制造业加速融合，造车新势力集中涌入，碳达峰碳中和进程加速，汽车"电动化、智能化、网联化、共享化"程度提升，以智能制造、数字化制造为核心的生产方式不断变化，全球汽车产业迎来全方位变革。受此影响，汽车的产品形态、制造体系、产品价值和产业生态均发生了显著变化。

一是，产品形态演变。新能源汽车和智能网联汽车，使汽车产品形态由传统的机械产品向智能终端演变，由以硬件为主导向以软件为主导演变，通过打破汽车间的"信息孤岛"，打造可移动的互联互通终端、汇聚"信息海洋"，可见智能汽车将是未来发展的必然趋势。同时，在能源革命的驱动下，汽车企业目前正在围绕"三电"产业链部署一系列核心技术，汽车在搭载电池行驶时，不仅是移动工具，更是可移动的储能和供能单元。

二是，制造体系全面升级。新型汽车产品的生产需要以智能制造体系为支撑，要求传统生产方式逐渐向低成本、自动化、智能化的大规模定制化生产转变，即以智能工厂为核心，集成智能设计、智能物流和智能服务于一体的生产模式，真正满足每位消费者的个性化定制需求。

三是，产品价值拓展延伸。自动驾驶技术的应用将重新定义汽车产品的使用人群和应用模式，通过拓展产品适用场景延伸产品价值，通过发展远程系统升级、远程诊断维修等智能化汽车服务与移动互联办公、移动互联消费、移动互联家居、移动物流平台等智能化生活服务，改变用户的移动出行方式，实现产品价值的拓展与延伸。

四是，产业生态深度重塑。随着汽车电动化、智能化、网联化、共享化的不断发展，汽车产业与交通、能源、信息通信、材料等产业的交叉融合不断深化。未来，除了传统整车企业、供应商和经销商，信息通信技术企业（以互联网公司最具代表性）、软硬件科技公司、运营商、服务商、内容商及基础设施公司等不断融入汽车产业,使原本垂直线性的产业价值链逐渐演变成为交叉网络的全新产业生态圈,呈现出"多方参与、竞争合作、你中有我、我中有你"的复杂态势,并在汽车发展史中第一次进入产业渐趋无边界的局面。

1.2.2 我国汽车产业机遇与挑战并存

当前,我国汽车产业正在面临百年未有之大变局,中国汽车市场在经历了二十多年的产销高速增长后于 2018 年出现首次下滑,此后三年,逆全球化趋势、中美贸易摩擦、人口红利消失、产业链供应链短缺等诸多不利因素叠加,推动我国汽车产业进入新发展阶段,倒逼汽车企业通过数字化转型提高自身竞争实力。2021 年,虽然受芯片短缺、原材料价格高涨等因素的影响,但我国汽车产业力排众难,实现 2608.2 万辆和 2627.5 万辆的产销总量,以 3.40% 和 3.81% 的同比增长率,结束了自 2018 年以来产销连续三年下降的局面。2021 年,新能源汽车成为最大亮点,其产业发展已从政策驱动转向市场拉动的新发展阶段,呈现出市场规模、发展质量双提升的良好局面,产销分别达到 352.8 万辆和 350.2 万辆,同比增长 159.9% 和 157.76%。这意味着我国汽车产业已经在"电动化、网联化、智能化"方面取得了巨大的进步,数字化转型为国有品牌、自主品牌、合资品牌、造车新势力弯道超车提供新的发展机遇,推动我国向汽车强国不断迈进。2014—2021年我国汽车产销量及同期增长率数据如图1.1所示。

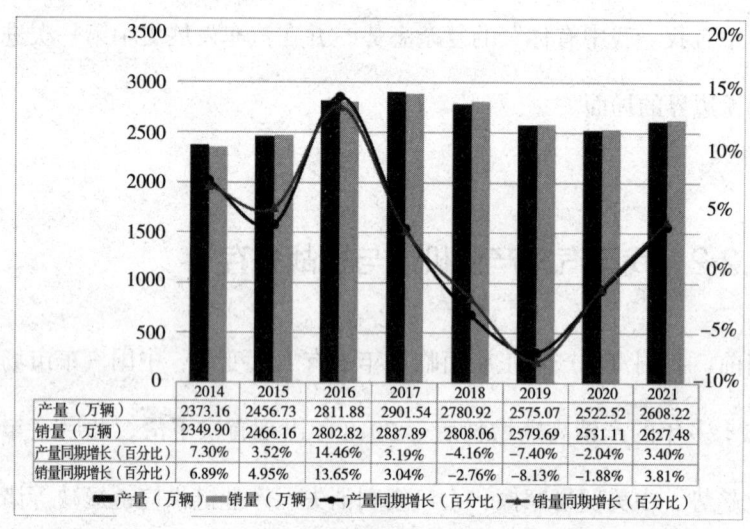

图1.1 2014—2021年我国汽车产销量及同期增长率❶

然而，在汽车产业巨大变革的趋势下，汽车企业数字化转型已进入攻坚期、深水区，面临多方挑战。转型成功与否，不仅关乎企业的自身发展，更决定了整个产业的未来发展方向。当前，新一代信息通信技术与汽车产业加速融合，新能源汽车、智能网联汽车成为企业展现自身优势的全新赛道，自动驾驶开始从试点示范走向商业化运营的探索阶段，汽车产品向智能终端转变。根据国家《智能汽车创新发展战略》规划，到2025年，我国将要实现有条件自动驾驶的智能汽车规模化生产，高度自动驾驶的智能汽车将实现在特定环境下的市场化应用。然而，我国汽车产业在低碳

---

❶ 数据来源：中国汽车工业信息网

化、智能化、网联化方面仍旧存在顶层规划不具体、自主创新能力不足、标准法规体系缺失等诸多问题。同时，产品形态变化推动我国汽车产业链发生深刻变革，虽然汽车企业已开展对研发设计、生产制造、营销售后等价值链全流程的革新，但仍存在产业链供应链安全可控不足、上下游产业资源共建共享程度低等问题，亟须加强产业链供应链数据贯通与资源共享，通过积极开展固链、强链、补链重点行动，提升自主可控能力，保障供应链产业链安全稳定。

1.2.3 数字化转型是汽车企业发展的必由之路

当前，数字化转型推动汽车产业价值链呈现"总量上升、重心后移"的发展趋势。一方面，针对"总量上升"，汽车价值链正在从聚焦"制造"转向"制造+服务"的集成，通过将"服务"贯穿于研发设计、试验测试、生产制造、销售及售后各个环节，提升汽车产业价值体量，进而创造更大的商机和价值。另一方面，针对"重心后移"，汽车服务体系的升级与扩展进程加速，汽车后市场中尤其是出行领域的价值比重升高。在自动驾驶技术的支撑下，汽车共享程度逐步提高，产品生命周期各环节均将发生根本性改变，出行服务逐渐被越来越多的汽车企业所关注，并作为核心业务来布局发展。

数字化转型通过协同研发平台、供应链管理系统、生产过程管理软件、线上营销体系等方式赋能汽车企业研发、生产、服务、管理、营销各环节，是汽车价值链总量上升，重心后移的必要手段。

我国汽车产业进入深刻调整期，竞争格局深刻变化，汽车企业面临诸多挑战，优胜劣汰加速，亟须通过数字化转型寻找新的价值增长点。数字化成为企业转型升级的必答题与实现高质量发展的最优解，谁掌握数字化新赛道，谁就掌握了未来的主动权。

近几年，我国汽车市场呈现智能化网联化水平提高、汽车置换市场潜力巨大的特征，这要求汽车企业及时适应市场发展趋势，以用户为中心，从研发设计、生产制造、营销、服务等多个价值链环节开展系统性变革。一是，加速产品更新迭代。维持企业竞争力的最好方式就是不断推陈出新，汽车产品研发环节通过研发流程、工具、知识数字化与算法优化，依托协同研发平台，缩短研发周期，提升正向研发能力，实现"软件定义汽车"，进而通过空中下载技术（Over The Air，OTA）升级实现汽车产品的快速更新迭代。二是，响应用户个性需求。汽车市场存量竞争使企业盈利难度提升，因此，要求企业以用户为中心，通过提高柔性生产能力，快速响应用户需求，发展大规模个性化定制产品。三是，深挖产品营销触点。当前，传统的线下营销模式受多重负面因素的制约，且随着互联网的普及，更加便捷化、个性化的线上购物成为当今主流营销模式，这要求企业以数字化赋能营销售后环节，通过精准的营销手段，增加客户与企业品牌、产品建立联系的触点，构建企业、客户、商家、第三方服务商之间的全新生态系统。四是，扩展服务覆盖深度。未来，汽车作为移动智能终端，使用户消费内容逐渐由单一汽车产品转向"产品+服务"的全套解决方案，消费方式也从一次性交易向长期服务转变，此时服务体验将超越汽车产品本身成为用户的新关注点。因此，扩展服务覆盖深度，加强用户需求满足程度，开发精准化、定制化、协同化的服务内容将成为服务数字化转型的重要发展方向。

1.3　汽车企业数字化转型路线图的价值意义

从国家战略布局角度来看，自改革开放以来，虽然中国经济深度融入全球产业链、价值链体系，为世界经济发展作出重要贡献。但近年来，我国数字经济建设依旧存在瓶颈，同时面临数字贸易规则不明确等一系列挑战，这要求我国要抓好和用好数字经济发展的重要战略机遇期，建立健全数字经济顶层战略，打造具有全球竞争优势的数字产业集群，为行业企业转型发展提供参考指引，全面引领和支撑我国数字经济高质量发展。2021年3月国家发展改革委等13个部门联合发布《关于加快推动制造服务业高质量发展的意见》，明确提出要加快制定重点行业领域数字化转型路线图。汽车产业作为国民经济的重要支柱产业，其数字化转型对于促进新一代信息通信技术与先进制造技术深度融合，推动整个制造业转型升级具有重要带动作用。本书旨在制定汽车企业数字化转型路线图，支撑政府及相关部委数字化转型顶层战略的制定及落地实施，健全应对外部不确定性挑战的数字经济发展战略体系，明确数字资源、数字技术和数字资产高质量发展路径，以数字化变革催生数字经济新发展动能，推动我国汽车产业链供应链安全稳定，不断做强、做优、做大我国数字经济。

从行业企业支撑角度来说，数字化转型是我国汽车企业高质量发展的必由之路。当前，汽车企业普遍认识到数字化转型的重要性和紧迫性，但在推进过程中，仍旧存在诸多问题，对具体推进过程造成了较大困扰。本书制定的汽车行业数字化转型路线图，集中了行业专家，旨在探索数字化转型发展方向，打造汽车行业转型样板，有效引导企业明确自身的发展重点与方向，推进行业数字化转型的进程。

第2章
数字化转型体系架构

2.1　数字化转型概述

当前，各方主体对"数字化转型"一词的解释侧重不同，本书整合了国务院国资委、国家发展研究中心、国家信息中心和京东数字科技研究院、华为公司等对数字化转型的定义，分析得到以系统工程、价值体系重塑、新型能力建设、数据驱动为当前界定数字化转型的4个主要视角。

2.1.1　本质内涵：数字化转型是一项复杂的系统工程

其一，数字化转型的本质内涵，从系统工程视角出发，立足企业转型发展，强调通过开展管理模式、业务模式、商业模式的全方位改造、变革和重构，构筑数字时代竞争优势。其二，对于数字化转型，价值体系重塑是根本任务，新型能力建设是核心路径，通过加速新旧动能转换，开展新型能力培育，进一步释放价值。其三，数据是推动企业转型发展的重要驱动要素，通过构建数据的采集、传输、存储、处理和反馈的闭环，打破不同层级间的数据壁垒，不断挖掘数据要素潜能，实现企业创新发展。基于上述不同视角的数字化转型的概念解读，可以得知数字化转型是一项复杂的系统工程，从发展战略、生产方式、运营模式、治理体系、组织形态等多个方面推动企业开展全方位重塑。对此，本书深入剖析了数字化转型的本质内涵、根本任务、核心路径、驱动要素。

企业数字化转型顺应数字经济发展趋势，以数字技术和实体经济融合为主线，推动企业发展战略、生产方式、经营模式、组织形态等全方位、多角度、系统性变革，以实现价值体系重塑为根本任务，加速企业培育新型能力，激活数据要素潜能，增强企业转型发展新动能，推进传统业务改造升级，开展新产业、新业态、新模式探索，并以企业数字化转型"溢出效应"赋能产业发展，推动构筑国家竞争新优势。

企业系统性数字化转型的背后是经济形态的变化与革新。当前，传统工业经济向数字经济转变的过程呈现"新旧交织、破立并存"的发展趋势。在数字经济时代背景下，新兴数字技术与新型基础设施的出现，赋予生产力与生产关系新的内涵与活力，为各行业企业开展系统性数字化转型提供便利，推动企业打破产业边界，开展优质资源与数据的共建、共享、共用，共同探索数字化、协同化、生态化的新型商业模式，反哺数字经济发展。

2.1.2　根本任务：价值体系重塑是数字化转型的根本任务

数字化转型以实现价值体系优化、创新和重构为根本任务，通过构建价值体系，推动实现业务创新转型。在工业经济时代背景下，企业架构虽然以实现价值为导向打造业务、构建能力、部署资源，但由于业务之间所需能力与资源相互割裂，存在能力难复用、资源未整合等关键问题，极大地影响了企业运营效率。

随着工业经济向数字经济的加速演进，具有技术壁垒的传统纵向封闭企业架构逐渐向以新型能力共建、共创、共享为基础的开放协同企业架构转变。通过完善基础设施搭建，构建一体化的运营管理平台，打通全价值链各领域数据，加强新兴技术应用等方式，支撑企业资源及能力的模块化封装，并通过对能力模块、能力单元的有效复用，提高企业内部运营效率、降低成本、提高质量，加速完成对新型商业模式的探索，实现业务数字化和数字业务化。同时，打通跨企业、跨产业的能力共用、共建、共享渠道，集聚优质企业资源，发挥乘数效应，构建更加开放的价值生态，提升价值创造、价值传递能力。

2.1.3 核心路径：新型能力建设是数字化转型的核心路径

在数字化时代背景下，业务需求快速多变、理论技术层出不穷，持续的外部冲击倒逼企业进行频繁的颠覆重构，造成重复建设投资、加重运营管理风险等问题，而数字化系统需要稳定扩展与平滑演进，外部环境的快速变化与组织内在的稳健经营要求形成了强烈反差。应对转型和创新引发的高度不确定性，组织需要不断强化应对挑战的新型能力，通过数字时代新型能力建设来应对数字化转型的不确定性挑战。

整合内外部相关资源建设新型能力体系。随着数字化转型的深入推进，企业核心能力不再局限于基于技术驱动的纵向封闭价值体系，而是要通过深化应用新一代信息技术，整合所有相关的资源和条件，建立、提升、整合、重构组织的内外部能力，将其转化为应对挑战、抢抓机遇和响应不确定性的新型能力，通过打造"开放式"赋能平台，向下支持企业内外部资源按需配置，向上支持以用户体验为中心的业务服务轻量化、协同化、社会化发展和按需供给，以新型能力赋能商业模式创新，构建业务新体系，形成发展新生态。

2.1.4　关键驱动：数据要素是数字化转型的关键驱动力

数字经济作为全球经济发展的新动能，通过充分释放数据要素价值，构建以数据为核心的生产关系，加速新旧动能转换，推动组织创新发展，实现企业全面变革。

数据成为数字经济时代的第一生产要素。在数字经济时代背景下，数据成为继土地、劳动力、资本等之后人类又一重要生产要素，对资源配置效率具有深刻影响。党的十九届五中全会《中共中央关于制定国民经济和社会发展第十四个五年规划和二〇三五年远景目标的建议》将发挥数据价值提高至战略层面，强调要推动数据资源开发利用。其目的是要畅通数据收集渠道，完善数据管理核心方法，充分发挥数据价值，提高资源利用效率。数据贯穿汽车行业全价值链各个环节，加强数据贯通对提高生产效率，提升上下游企业协同、推动构建以用户为核心的商业模式具有重要作用。例如，在研发设计领域，通过搭建数据平台收集全生命周期、全价值链数据，使企业充分了解产品特征、用户行为等方面的信息；在供应链领域，通过实现供应链上下游的数据采集和数据贯通，提升供应链协同能力，及时对外界环境的变化及客户的个性化需求做出灵活响应。

构建以数据为核心的生产关系。当前正处于数字革命和产业革命的历史交汇期，中国在庞大的人口数量和先进技术的影响下，数据红利优势不断显现，推动中国从制造大国向数据大国迈进。据《世界互联网发展报告》和《中国互联网发展报告》统计数据显示，2020年，全球互联网用户数约为45.4亿，普及率达59%；中国互联网用户数9.4亿，互联网普及率达67%，移动用户数量达到9.32亿。数据这一新生产要素的加入为传统生产关系带来了新挑战，要求以数据治理为落脚点，加快数据要素的培育，释放数据资源价值，加强数据资源整合，提升数据安全保障，构建以数据为核心的新型生产关系，提高劳动生产力。

2.2 数字化转型体系架构

数字化转型以实现价值的优化、创新和重构作为根本任务，涉及发展战略调整、业务创新、新型能力建设、解决方案应用、治理体系变革等内容，是一项复杂的系统工程。

发展战略指引企业转型方向。数字化转型发展战略是指引全局有效协同的必要基础，发展战略需要与企业业务目标对齐，基于对企业战略、业务需求、内外环境、行业案例等分析，在明确数字化转型发展现状的基础上，从自身需求和痛点出发，形成数字化转型的战略目标，明确企业转型发展战略及竞争优势。数字化转型发展战略旨在形成组织内统一的思想、目标、语言及重点行动，保障数字化转型进程的整体性、协作性、可持续性。

业务创新推动企业价值重塑。业务创新转型是实现数字化转型价值体系重塑的关键，以数字化发展战略规划的业务场景、价值模式为抓手，明确传统业务改造升级方向，逐步实现跨部门业务集成、产业链供应链业务一体化协同创新，并通过数据流通、共享、应用，加速新业态培育，构建开放合作的价值模式，快速响应、满足和引领市场需求，使价值效益最大化。

新型能力增强企业发展动能。新型能力建设是数字化转型的核心路径，也是实现业务、技术、管理等相关内容的有效串接的途径。由此，新型能力的选取需要以业务创新转型需求为导向，向上支撑企业数字化转型的发展战略，向下评估企业数字化转型资源禀赋，兼顾发展需求与自身条件，锚定同自身发展最为契合的新型能力，并持续推进新型能力的建设、运行和优化。

解决方案赋能企业科技创新。数据、技术、流程、组织等系统性解决方案的协调联动为转型提供技术支撑。按照新型能力建设需求，在系统性解决方案现状分析、确认基础之上，综合考虑相关支持条件和资源，以业务流程为导向，开展相关职责职能的调整、技术方案的获取及数据的开发利用，支撑新型能力的建设及持续优化。

治理体系支撑企业优化变革。治理体系构建及管理模式变革为转型提供管理保障。从新型能力建设需求出发形成数字化治理方案，从组织整体层面对组织机制和管理方式进行优化,并适时对组织文化做出相应变革。与此同时,以新型能力建设为纽带,加强系统性解决方案与治理体系的协同,以全局视角识别治理体系改进需求,保持治理体系的持续迭代优化。

2.3 汽车企业数字化转型体系架构

参照数字化转型体系架构,本书构建了汽车企业数字化转型的总体架构,以数字化转型战略为引领,业务创新转型为方向,核心能力建设为主线,共性技术与管理创新为支撑,包括发展战略、业务创新、核心能力、共性技术支撑和运营管理保障5个部分,如图2.1所示。

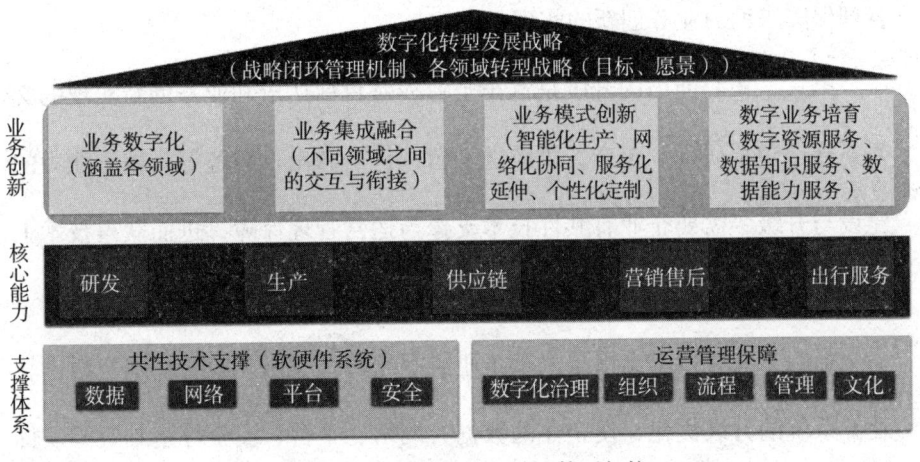

图2.1 汽车企业数字化转型体系架构

第一，汽车企业根据行业发展趋势与自身发展愿景目标，有针对性地制定数字化转型发展战略，为企业整体和各个业务领域的数字化转型计划提供方向。发展战略向企业的业务创新和核心能力的升级与转型提出需求，企业通过实现业务创新与核心能力的升级转型来完成战略目标的达成。

第二，业务创新是汽车企业基于核心能力的升级转型来赋能的，实现企业内部各业务领域的数字化、不同业务领域之间互联互通集成融合，使汽车企业形成智能化生产、网络化协同、服务化延伸、个性化定制等新的业务模式，并充分发挥汽车企业数据资产的价值，培育形成新型的数字业务，如数据知识服务、数据资源服务、数据能力服务等，让新的业务模式与数字业务改变企业与不同类型用户之间的供需关系。汽车企业的业务创新对企业核心能力的升级和转型提出要求，同时需要共性技术支撑与运营管理保障来助力业务创新的实现。

第三，核心能力的升级是汽车企业战略目标达成和业务创新实现的必要条件，包括研发、生产、供应链、营销售后和出行服务等。核心能力的建设与升级，需要企业有共性技术支撑与运营管理保障，进而获得技术上的支持与管理上的支持，确保核心能力的数字化转型得到保障。

第四，共性技术支撑是汽车企业数字化转型工作开展的基础，通过软硬件系统的升级优化，使企业的数据、网络、平台、安全等基础资源发挥出最大效力，为核心能力与业务创新提供技术支持。

第五，运营管理保障从数字化治理、组织、流程、管理、企业文化等方面，为核心能力的升级优化、业务创新的实现，在制度与治理的维度上提供管理保障。

第3章
数字场景创新驱动数字化转型的实施路径

3.1 数字场景创新的概念与内涵

3.1.1 场景概念随时代发展而不断演变

从历史沿革来看,场景来源于戏剧表演,在管理领域的应用起源于市场营销,并随着时代进程而不断演变。数字时代的场景把时间和空间做了延伸和拓展,构建了人与人、人与物、物与物之间的泛在连接。

由消费互联网进入产业互联网时代,场景的重点转变为数字场景,即场景从物理世界向数字世界的映射,数字场景能够全面解构场景中的业务、数据、应用和技术,通过数字化手段提升场景的价值效能。

数字时代场景在产业界被广泛认可,场景化成为企业实现以用户为中心、获得可持续竞争优势的重要内容,且随着新一代信息技术与产业深度融合。

3.1.2 场景创新成为新一代创新范式

创新范式随着经济范式和技术范式的发展而逐步转变，尹西明等学者认为，场景驱动的创新是数字经济时代涌现出的全新创新范式，蕴含整体观和系统观。从福特T型车的模块化生产，到丰田的精益化生产模式，汽车产业时刻引领着生产制造领域技术范式的变革，被称为"改变世界的机器"，而技术范式的发展，也逐步带动着创新范式的演变，如表3.1所示。

表3.1 创新范式在汽车产业的时代演变

时间	领导国家	技术范式	经济范式	创新范式
20世纪初	美国	标准化、模块化	公司制、事业部	技术推动范式
20世纪70年代	日本	自动化、柔性化、精益化	合作型供应链	需求拉动范式、技术市场耦合范式
21世纪	未知	智能化、网络化、数字化	平台企业	整合范式、数字生态范式、场景驱动范式

3.1.3 数字场景的概念及其逻辑框架

理解数字场景，需要从3个概念层面去理解。

数字场景（Digital Scene），是场景从物理世界向数字世界的映射，数字场景能够全面解构场景中的业务、数据、应用和技术，通过数字化手段提升场景的价值效能。

数字化转型场景（Digital Transformation Scene），利用新一代信息通信技术，对企业部门级、单元级等传统业务流程、业务对象、业务规则进行数字化改造、优化或重塑，以实现价值增值的动态优化过程。

数字场景创新（Digital Scene Innovation），通过将场景从物理世界映射到数字世界，利用各项数字技术和管理实践，结合场景内特有的专业知识，通过创新途径，对场景进行优化改造。

理解数字场景的逻辑框架包括3个层面。

数字场景识别与界定的逻辑框架，能帮助我们更简单而全面地认识目标场景。逻辑框架主要包括了场景的八大要素，即人、事、物、场、目标、边界、环境和评价。"人"的要素是数字场景的灵魂，每个数字场景都是要为人服务的，同时有人在接受此服务的过程中受益；"事"的要素是数字场景的核心，只要有"事"的存在，就可以形成一个场景，并有实现数字化的可能；"物"是价值的载体，各类价值的实现往往伴随着产物的形成或形式转变；"场"是数字场景的载体，数字场景在此场所中运行，可以是物理场所，也可以是数字场所；"目标"是场景存在的原因，继承了组织对此场景的期许和任务；"边界"确定了场景的范围；"环境"是多方对此场景产生作用的集合，既包括内部条件，也包括外部环境；"评价"对场景价值和状态的把握做了重要补充。

第3章　数字场景创新驱动数字化转型的实施路径

数字场景描述与分析的逻辑框架对最核心的"事"作了具象化解剖和变革性分析，帮助我们更深入地理解和分析场景，是更加核心的"事""人""态"的组合。"事"指的是每个数字场景都是一个价值实现的过程，通过对此过程的分析，能够将场景以图表的形式呈现出来；"人"指的是每个场景都有多方利益相关者参与，且基于不同角色视角产生价值实现泳道，这就需要首先选择核心的"人"，才能形成对应的"事"，其中客户是场景的重要角色泳道，每个场景都有其服务对象；"态"指的是场景以不同的场景形态实际地发生，每个场景都有关键的场景因子，场景因子变量的不同组合形成了不同的场景形态，"态"的重要作用就是将不确定的"事"变成确定的可分析的"事"，场景形态关联具体流程，是挖掘变革机会的重要工具。

数字场景设计与建设的逻辑框架，是以更加具体的建设视角来认识场景的，此视角贯穿战略、业务、数据、应用和技术，能够满足对场景开展设计和建设的需求。企业数字化转型多级架构要素在场景级建设中是一以贯之的，起到保证数字场景作为衔接企业数字化转型战略和数字化系统实现的桥梁作用。企业数字化转型是一个复杂的系统工程，场景继承了复杂系统的基本要素，也突出了复杂系统中的逻辑和重点，既保留了必要的系统性，又呈现出特有的直观性。在此逻辑框架下，除了从战略到技术的逐层解析，还包括战略、业务、数据、应用和技术各自的逐步细化，以及从规划到建设、运营逐步实现的过程。数字场景与企业总体战略、公共基础设施、相关场景要素紧密配合：场景战略要与企业总体战略对齐，与企业目标保持一致；场景技术要尽可能匹配公共基础设施资源，避免重复建设和信息孤岛等问题的产生；本场景要与周边场景实现战略协同、业务协同，实现数据的互联互通和统一治理，实现能力共享、技术共享，如图3.1所示。

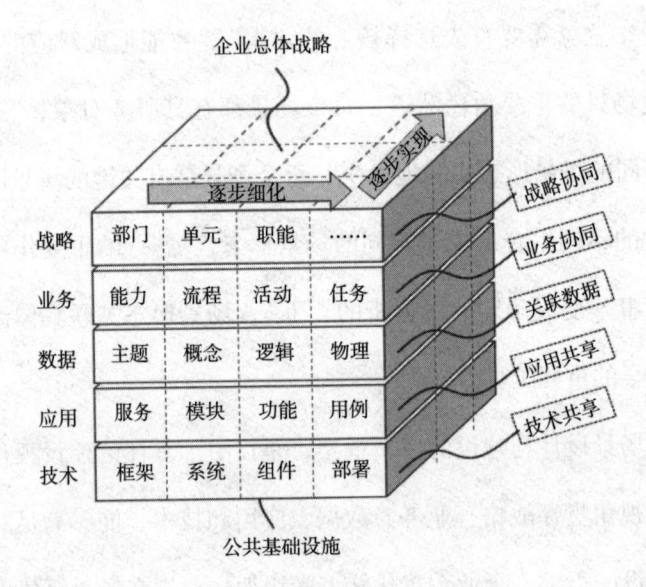

图3.1 数字场景设计与建设的逻辑框架

3.1.4 数字场景创新的典型特征

3.1.4.1 数字场景更聚焦于部门级、单元级

数字场景对上承接企业整体战略、业务战略需求，对下需要企业数字基础设施建设支撑，需要企业发动业务人员和技术人员共同参与；数字场

景建设关注解决企业单元级或部门级的优化需求；数字场景建设不是建设一个个的信息孤岛。数字场景需要同时具备感知思维和架构思维。

场景的价值路径定位决定了需要感知思维。场景上接战略，下促执行，其主要优势在于对需求的感知。

场景和数字化的复杂性决定了需要架构思维。"场景虽小，五脏俱全"，如果"五脏"不全，如活动级、任务级，不具备数字场景的基本要素，也就不是一个值得去挖掘和研究的场景。

3.1.4.2 数字场景的形式更偏向抽象性、本质性

"场景"是企业各项业务活动的抽象描述与本质内核，侧重提炼一般规律与共性需求，而"案例"则是对于业务活动个性化需求的描述。已有研究多将"场景"与"案例"混淆，以个性化案例指引企业对数字化转型一般规律的探索，却往往难以真正触碰数字场景建设的实质。本文将上述两个概念进行对比，通过深入刻画两者的本质区别，划定数字场景研究边界与本质内涵。

"场景"类似"对象"的概念。场景是一个虚构的情境，用于抽象现实生活中可能发生的情况；场景为创新性工作提供了更好的条件，可以测试和评估不同情境下的人的感受和事的逻辑；场景通常是基于广泛的研究和数据分析，以确保它们具有代表性和可重复性。

"案例"类似"实例"的概念。案例描述的是实际发生的事件或情况，用于分享和学习；案例基于真实的或虚构的事件，以帮助了解某个领域的

实践和决策过程；案例包含详细的信息，如背景信息、问题描述、决策选项和后续结果，以帮助读者理解和分析情况。

场景和案例的主要区别在于，场景是可设计的，是可以用于研究和建设的；而案例是描述实际发生的事件或情况，用于特定的参考借鉴。

3.1.4.3 数字场景创新过程呈现动态化、持续化

场景创新过程覆盖"需求分析—方案设计—实施建设—运营评估—应用推广—优化迭代"环节，并不断适配数字技术和管理模式的变革，呈现为业务、管理、技术三者持续的动态迭代及优化，如图3.2所示。

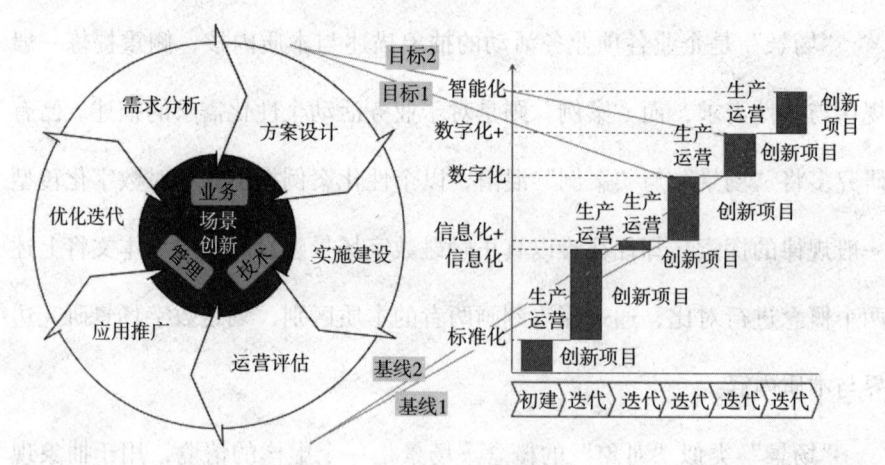

图3.2 数字场景创新持续迭代的过程

场景需求分析包括能力准备和需求分析：首先企业需要具备的场景创新基本能力要素，包括组织人才、技术核心方法、战略目标等；其次，先期以调研的形式做关键干系人的需求征集和分析分解，并持续开放需求搜集的渠道，及时将搜集到的数据输入到后续的各个环节。场景方案设计包括架构设计和方案设计：一是，逐层开发业务、数据、应用、技术架构，

形成各层面基线架构和目标架构；二是，通过对比基线与目标的差异，确定改革点，并合并成项目包，制订实施方案计划。场景实施建设包括实施建设和项目管理：按项目包排列的进度计划组织资源开展实施建设，并持续对接需求；采用科学的项目管理办法控制整个实施建设过程，尤其要关注质量、进度、成本。场景运营评估包括生产运营和评估治理：在生产中实际应用场景建设成果，形成平稳的运营状态；持续评估本场景的数字化转型成熟度，以专家委员会等组织作为专业治理。场景应用推广包括应用扩散和需求孵化：发挥场景的可复制优势，将应用成果扩散到其他单元、其他部门、其他企业，在不同单元、部门、企业的应用中。场景优化迭代包括需求变更和过程迭代：对需求的变化持开放态度，以有效地变更管理持续满足真实需求；整个过程并非固化的流动，而是允许在不同过程间穿插，灵活迭代。

3.1.4.4 数字场景创新坚持价值导向、问题导向

场景以价值创造为目标，以具体问题为导向，以业务分析、能力建设为主要手段，向上对齐业务战略和价值，向下落地到业务设计和具体IT产品。逐层分析业务开发过程要素，将能力转变为服务，针对性地解决问题、体系性地实现目标。

场景创新是企业价值创造的轻量化表达。参考最小化可行产品，（Minimum Viable Product，MVP）思路，即使是单元级场景，依旧能够有效连接供需双方，完成价值创造、传递和释放的过程，支撑企业业务创新

转型，推动新业态培育。场景创新能够助力企业价值创造的最小单元以实现提质、降本、增效，且在过程中推动新技术和新产品的加速培育，有效支撑新兴业务的培育、企业内部集成与产业链协同，实现企业价值的不断增值。

3.2 数字场景创新对企业数字化转型的意义

3.2.1 数字场景创新是推动企业数字化转型的关键落脚点

数字场景创新是推动两化融合、数字化转型、智能制造等相关政策落地实施的关键环节，是加快信息技术（Information Technology，IT）与运营技术（Operational Technology，OT）融合、信息技术与实际业务融合的重要出发点和切入点。当前，随着封闭、稳定、刚性的工业时代向开放、动态、柔性的数字时代演进，场景建设需求在目标、主体、客体、空间、要素层面均发生明显变化，如表3.2所示，标志着数字场景逐渐转变为推动企业数字化转型的关键落脚点。

表3.2 传统场景向数字场景演进的具体表现

不同层面	传统场景	数字场景
目标层面	相对稳定的目标需求	具备多样化、个性化、不确定性等特征的目标需求
主体层面	以职能部门、供应链企业为核心，按照分工与岗位职责开展各项活动	以企业主营业务集成融合、平台化运营及生态化合作为核心，强调一体化敏捷运行、社会化协同与按需智能匹配
客体层面	以流程为中心，强调规范与精益	以用户需求为核心，通过打造扎实统一的数字技术、模块化的智能算法应用，对全维度、全寿命、全场景开展柔性化、一体化、平台化、生态化管理，推动实现价值链/价值网络的重构
空间层面	以物理空间为核心	以信息物理空间为核心，利用人工智能、数字孪生等数字技术，打破时间、空间限制，实现虚实联动
要素层面	以传统要素为核心，更加强调各要素有效使用和分配	以数据为核心，在赋能传统要素的同时，发挥数据对价值创造的重要驱动作用

3.2.2 数字场景创新是数字化转型体系架构落地的最优解

数字场景创新作为支撑企业数字化转型体系架构落地的最优解，以战略目标为指引，推动业务创新、核心能力和支撑体系的融合实现，确保技术与业务对齐、项目与价值对齐，助力企业数字化转型发展与价值创造，如图 3.3 所示。

对于业务创新来说，价值创造贯穿企业业务创新的全过程，数字场景作为价值创造的终点与起点，其建设过程以根源性、系统性、结构性问题为导向，运用先进数字技术手段与闭环治理方法，将业务流程拆解为最小业务单元，实现对企业业务价值的高效挖掘。

对于新型能力来说，其作为企业数字化转型的核心路径，在数字场景建设中，需要拆解为最小能力单元，方便在业务价值创造过程中对其进行模块化按需调用，开展业务与能力的多样化匹配，形成"业务单元－能力单元"的最小单元组合，以满足企业的价值快速增值需求。

对于支撑体系来说，包括系统性解决方案与治理体系两个方面，数字场景聚焦企业价值创造实际问题，以平台经济运行的形式，联合跨行业、跨产业等各类平台合作伙伴，按需开展对新一代数字技术与先进管理理念的灵活应用。例如，为进一步精准地描述客户画像，应用人工智能模型，与平台合作伙伴共同开展对用户行为的智能预测，进而实现对产品（服务）的按需更新迭代与定制化开发。

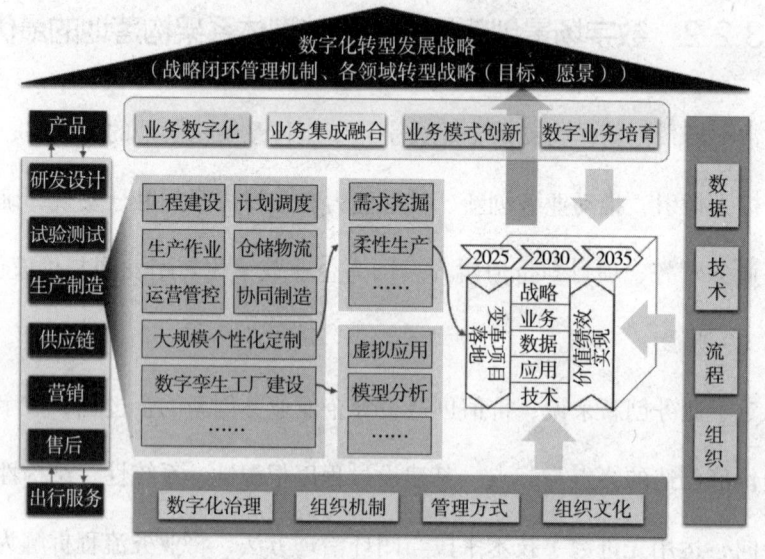

图3.3 数字场景在数字化转型体系架构中的载体作用

3.2.3 数字场景创新驱动数字化转型发展

前文明确了数字场景在企业数字化转型体系架构落地中的重要位置，本节进一步厘清数字场景驱动其转型落地的具体逻辑。从企业层面来说，数字场景是推动企业转型升级的重要载体，对企业数字化转型起到最全面、最关键的作用；从产业层面来说，数字场景通过提升竞争力、发挥资源优势、构建并夯实转型基础，赋能产业数字化发展，并反哺企业转型升级，为企业数字化转型提供最基础、最必要的环境保障。数字场景通过集中力量打造示范场景，坚持问题导向，不断突破场景创新过程中的痛点、难点、堵点，并利用场景建设成果赋能企业的其他业务领域，为企业数字化转型带来最直接、最快速的优势收益。

3.2.3.1 企业维度

数字场景作为企业数字化转型的重要载体，向上支撑业务目标、企业战略目标，向下深化流程、信息和技术的优化变革，向前助力产品服务、客户需求的落地，向后拉动组织运营，是战略落地、技术升级、客户满意、运营优化的共同落脚点。

价值挖掘。数字场景以客户需求为指引，对企业战略目标进行逐层拆解，过程中逐步沉淀常态化治理所需的各种管理制度，挖掘最小业务单元的价值点，开展价值创造，使其转化为看得见、摸得着、可体验的数字化转型成果，进而推动产品（服务）的优化、更新、迭代。同时，根据用户需求不断调整企业战略，形成价值反馈闭环。

落地。企业联合合作伙伴开展平台化运营，以数字场景为依托，聚焦企业战略目标、挖掘业务价值，针对特定空间、特定对象，应用先进数字技术，形成新的岗位职责（如企业架构师、业务架构师等）、企业规范体系（如业务架构体系、基于业务架构的应用和数据规范体系等）、语言体系（如企业级数据模型的业务名称术语），打造具有特定功能的模块化应用程序，实现对数字场景多样化建设需求的敏捷响应。

评价。数字场景以问题为导向开展价值创新，制定定性与定量相结合的指标体系，开展对数字场景创新的评估与评价，直观展现数字化转型成效，明确当前的优势与劣势，围绕改进点制定系统性解决方案，打通企业数字化转型的痛点、难点、堵点，以点带面，逐步完成企业数字化转型变革。

迭代优化。数字场景创新需要对企业数字化转型系统工程进行拆解，逐步从现有及未来的系统中沉淀、构建可复用的新型能力，同时围绕客户需求、客户触点不断挖掘场景价值，开展对数字场景的更新迭代。

3.2.3.2 产业维度

数字场景作为推动产业数字化转型的重要依托，其在建设过程中要充分整合不同企业、不同行业的优势资源，以平台化运营的方式，围绕明确的场景建设目标，形成多个作战单元，实现对市场需求的快速响应，进而打造优质数字化产业集群，提升产业竞争力，为推动数字产业化与产业数字化发展提供坚实基础，如图 3.4 所示。

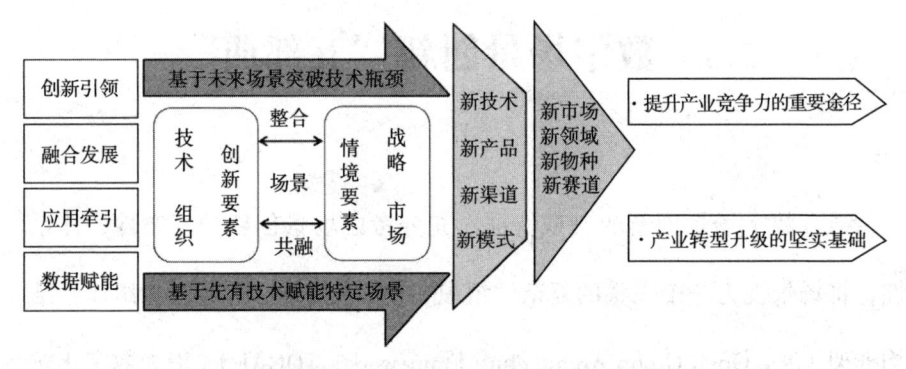

图3.4 数字场景驱动企业数字化转型的产业层面逻辑框架

数字场景是提升产业竞争力的重要途径。数字场景建设需求能够推动新型基础设施创新、"卡脖子"技术突破，为探索产业数字化转型发展优势、提升产业竞争力提供重要途径。

数字场景是推动产业升级的坚实基础。数字场景创新是向传统产业发展理念提出的挑战，过程中不断形成新技术、新产品、新渠道、新模式，为新市场、新领域、新物种、新赛道的开拓提供先行先试空间，是推动产业升级的坚实基础。

3.3 数字场景创新"五部曲"

结合数字场景创新的典型特征，充分考虑场景创新的复杂性、体系性，将场景视为一个完整的复杂"组织"，在充分学习借鉴开放组体系结构框架（The Open Group Architecture Framework，TOGAF）《华为数字化转型之道》等数字化转型相关理论的基础上，将架构理论、系统工程学等方法引入场景创新领域，面向场景创新诉求对架构理论进行适应性调整及优化，总结沉淀如下数字场景创新"五部曲"。需要强调的是，架构理论并非新方法，诸多产学研机构已就架构理论开展大量实践及理论探索，本书充分尊重并广泛借鉴相关成果，面向场景创新这一相对复杂的理论进行讨论。

3.3.1 界定场景范围，统一目标愿景

数字场景创新的首要步骤在于明确场景边界，确认场景所包含的关键要素，包括业务单元基本信息、支撑角色、客户对象、输入输出、业务规

则、标准、能力、业务流程、关键指标等。同时，需对上述关键要素开展进一步分析，明确各支撑角色在业务流程活动/业务单元中所肩负的职能，基于端到端视角系统地梳理直接客户的需求、触点，拆解需要配备的数据、技术、流程、组织等核心能力要素维，识别场景的起点、终点及业务流程、活动，进而明确核心要素之间的内在逻辑关系，如图 3.5 所示。

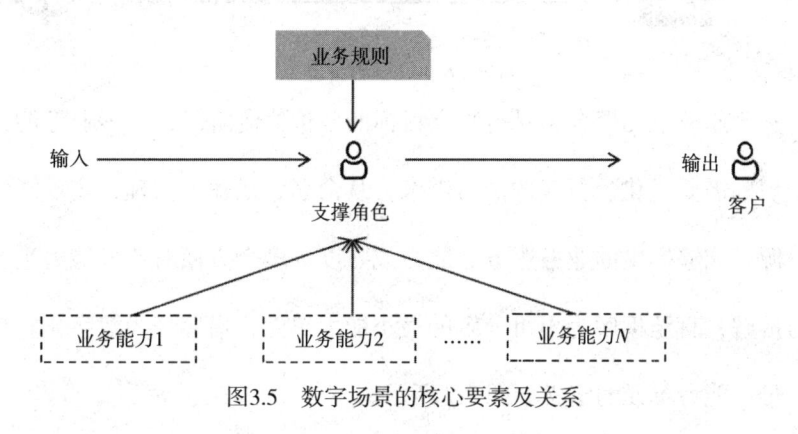

图3.5 数字场景的核心要素及关系

3.3.2 分析价值流程，确认能力基础

在企业目标愿景的指引下，从业务入手开展价值流设计，分析围绕利益相关者业务活动中价值效益的创造与传递，如图 3.6 所示。识别价值触发者（直接客户、主要执行者、其他价值传递角色等）与其价值主张，开展对端到端客户旅程的细化，对应寻找执行者与客户的价值触点，形成并总结内部价值活动，参考价值发现、价值确认、价值创造、价值交付的基本逻辑，划定价值流阶段，形成完整的价值流设计。

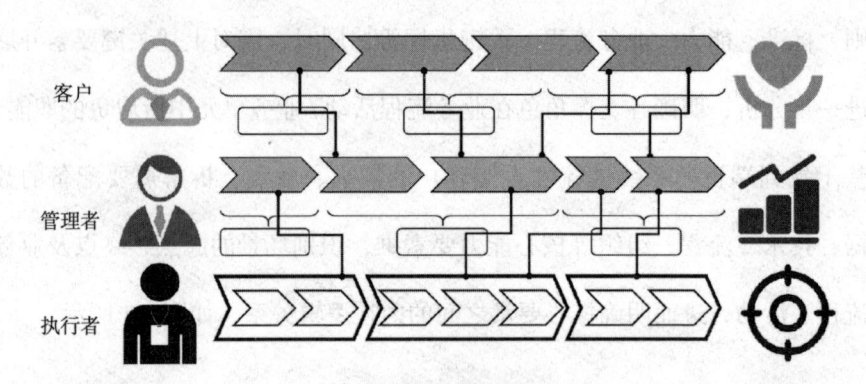

图3.6 价值流设计

基于业务单元聚合，具有独立目标的各价值流阶段，开展业务能力设计，识别需要优化、新建的能力需求，从命名、描述、治理、实现能力所需资源、能够提供的业务服务、能力成熟度等多个方面对业务能力进行定义与拆解，直至拆解为不可分解的最小能力单元，借鉴华为数字化转型之道，最小能力单元的定义如图3.7所示。

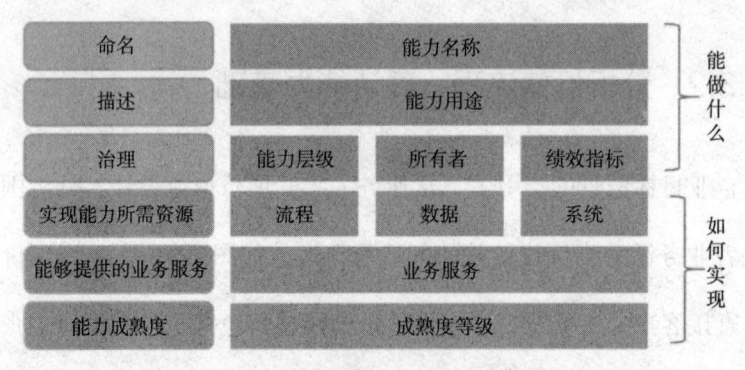

图3.7 业务能力的定义及拆解❶

此后，整合各价值流阶段的共性能力需求，划分能力层次等级，形成

---

❶ 资料来源：《华为数字化转型之道》

场景能力地图,并将其与价值流各阶段进行映射。下文以解决方案交付数字场景为例,展示价值流域业务能力的映射关系,如图3.8所示。

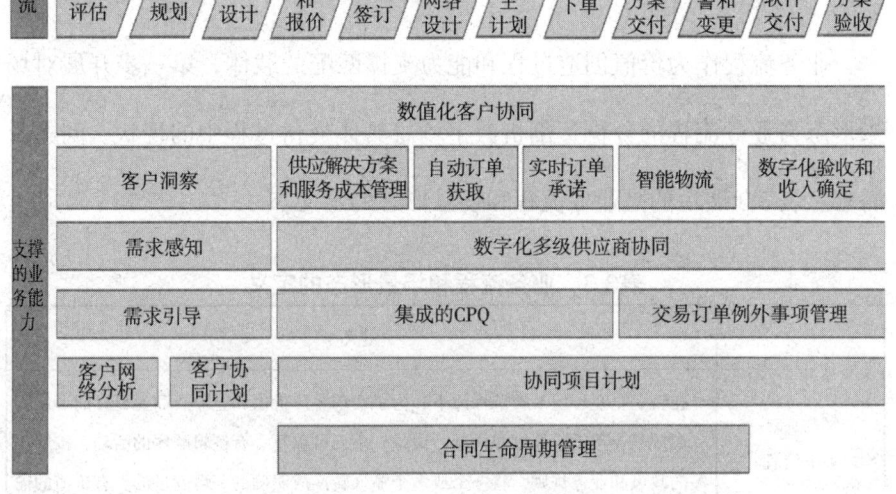

价值流	网络解决方案交付										
	网络评估	网络规划	网络设计	配置和报价	合同签订	售后网络设计	交付主计划	下单	解决方案交付	事件预警和变更	远程软件交付	解决方案验收

支撑的业务能力	数值化客户协同			
	客户洞察	供应解决方案和服务成本管理	自动订单获取	实时订单承诺	智能物流	数字化验收和收入确定
	需求感知	数字化多级供应商协同		
	需求引导	集成的CPQ	交易订单例外事项管理	
	客户网络分析	客户协同计划	协同项目计划	
		合同生命周期管理		

图3.8 网络解决方案数字场景价值流与业务能力的映射❶

重点行动举例:核心角色选取,以并行旅程、价值触点和价值主张等绘制价值流,围绕业务作能力识别和解构,绘制场景能力地图,识别能力的复用性、共享性,在部门组织中识别此场景涉及的角色关系等。

核心方法举例:价值流分析、业务能力识别、业务能力地图、职能分析法等。

关键输出举例:数字场景价值流图、数字场景能力地图、数字场景组织结构图等。

---

❶ 资料来源:《华为数字化转型之道》。

3.3.3 分析场景形态，抽象关键流程

业务流程作为价值创造过程和能力支撑匹配的载体，第三步开展对场景形态与业务流程的分析，剖析数字场景具体交付过程中的现状、问题及需求。表 3.3 展示的是业务流程和场景形态的定义。

表3.3 业务流程和场景形态的定义

名称	定义
业务流程	在特定企业环境及资源保障下，为了实现客户价值和企业、商业目标而形成的一套规范业务运作规则和机制，通过一系列可重复、有逻辑顺序的活动，按照相关的政策和业务规则，将一个或多个输入转换成明确的、可度量的、有价值的输出
场景形态	由于公司业务复杂，同一业务可能存在不同的场景，比如同样是采购，可能有行政采购、生产采购、工程采购等不同场景。我们需要识别不同的场景形态，针对每一种业务场景匹配相应的业务流程。在应用服务化设计时，这些不同流程中相同或者相似的活动可以由同一个应用服务来支撑

对于场景形态分析，首要任务是识别场景因子，特别是对场景形态有主要影响的关键场景因子。如图 3.9 所示，运用 SIPOC 分析方法，分析影响关键决策、体现业务意义、特点的因素，对最关键的场景因子进行排列组合并尽可能多地罗列其包含的形态，支撑对高价值场景形态的有效筛选。

图3.9　SIPOC分析场景因子的举例

对于业务流程的定义与收敛，首先需要判断数字场景对应的流程层级，如图 3.10 所示，再有针对性地选择业务流程设计模式（正向设计、能力驱动设计等）与流程设计策略（包括依托角色设计、依托活动设计、业务单元编排等），明确流程设计要素间的关联关系，如图 3.11 所示，并选用适当的流程建模语言开展业务流程建模。

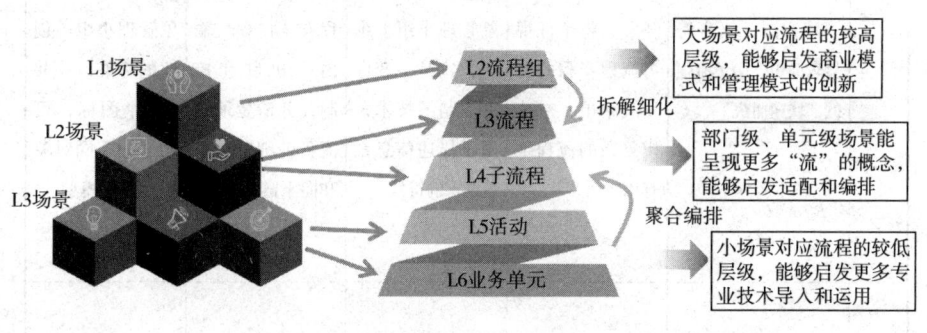

图3.10　流程层级划分

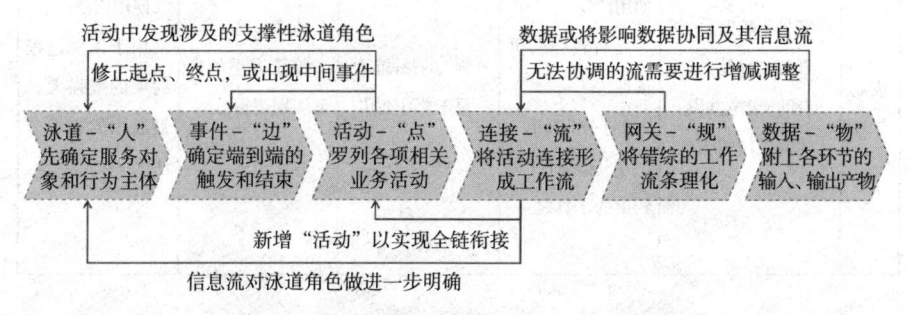

图3.11　流程设计要素及要素间的关联关系

重点行动举例：寻找场景中的关键场景因子，通过关键场景因子组合找到具有价值的具体场景形态，对场景形态下的关键流程做规范的细化表达，以及所需的流程框架识别与分析等。

核心方法举例：场景因子识别、场景形态识别、价值点排序、业务流程框架，流程建模语言等。其中，Flow Chart、EPC、UML、IDEF、BPMN五种流程建模语言的简介及优缺点对比如表3.4所示。

表3.4 流程建模语言的简介及优缺点对比

建模语言	Flow Chart	EPC	UML	IDEF	BPMN
简介	流程图，语言符号较简单，用于流程的"快速捕获"	事件处理链，在ARIS的框架内开发，将事件视为流程步骤的触发或结果，对建模复杂的流程很有用	统一建模语言，由OMG（对象管理小组）维护，这是一套标准的制图技术，用于描述信息系统要求的符号	集成定义语言，着重强调流程的输入、输出，机制和控制，并清楚地将流程的细节向上和向下链接	业务流程模型，OMG（对象管理小组）创建的标准，一共103个图标，可用于向不同对象展示流程模型
优点	符号集较简单 理解较容易 有助于建立共识 无需专门的工具	在跨国企业中使用广泛 具有较强的可读性 上手较为简单 用于识别过程约束的工具之一	强大的表示能力 易于学习使用	精确表达 易于遵循的模型级别逻辑分解	使用广泛 用于识别过程约束的最强大、最通用的表示方法之一

续表

建模语言	Flow Chart	EPC	UML	IDEF	BPMN
缺点	多样化的自定义使得不同企业间的语言存在差异 用于描述复杂的业务流程时可能不够精确 缺乏描述性属性集	我国国内应用较少 建模团队必须在使用符号方面受到约束，以避免可能出现的逻辑空白 受限于ARIS工具，国内常用的流程建模工具鲜有支持EPC	业务流程建模是次要用途 符号表示可能因工具而异	看起来较为复杂，在视觉上不吸引人 主要由方框和箭头组成的符号可能显得杂乱	需要培训和经验才能正确使用全套符号 很难看到流程的多个级别之间的关系 不同的建模工具可能支持符号的不同子集

关键输出举例：数字场景形态图、数字场景流程框架图、数字业务流程图等。

3.3.4 分析输入输出，识别关键对象

业务对象包括业务领域重要的人、事、物，从业务架构中提取出业务要素，并推动应用架构中业务组件的设计，支撑业务组件聚合沉淀形成能力中心。业务对象应容易被业务理解，在业务领域范围内要独立、相对稳定，其特征如表3.5所示。

表3.5 业务对象的特征

序号	特征	说明
1	业务对象有唯一身份标识信息	业务对象必须有身份标识信息，能区分不同的业务对象

续表

序号	特征	说明
2	业务对象相对独立并有属性描述	①业务对象有描述自己某方面特征的属性； ②业务对象可独立存在，可获取、传输、使用，并发挥价值，而逻辑数据实体依赖于业务对象； ③即便随着时间的推移，状态会发生变化，业务对象也不会发生本质变化； ④有生命周期，有状态变化； ⑤可以与其他业务对象关联，但不是从属关系
3	业务对象可实例化	业务对象有具体实例存在，通常需明确owner、定义架构、标准度量监控，才能有效管理
4	不可或缺	业务领域运营和管理中不可缺少的人、事、物、地信息

业务对象的确认包括梳理业务活动与业务单元、识别业务要素BI、整理候选业务对象、验证业务对象、确认业务对象5个步骤。以企业人才招聘业务活动的业务对象识别过程为例，如图3.12所示。

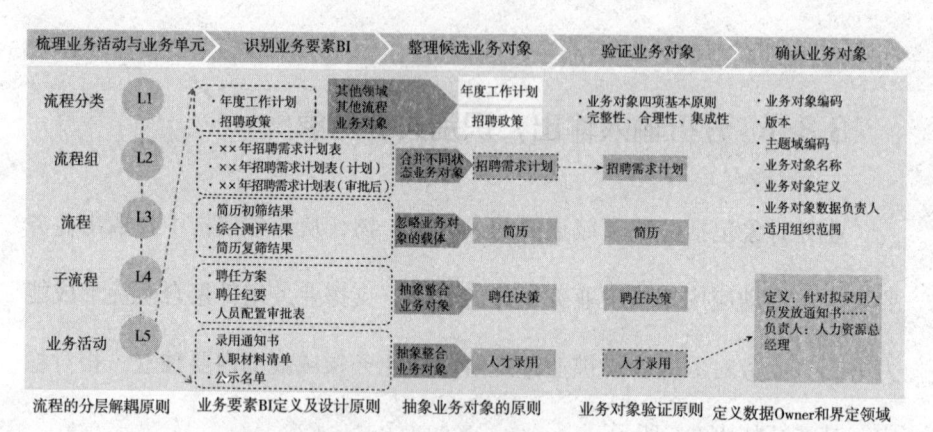

图3.12 企业人才招聘业务活动的业务对象识别

在业务对象、业务活动、业务规则均确认后，可开展对业务构件元模型的设计。业务构件作为业务架构中构件设计的关键，由业务活动组装而成，是对业务行为和业务数据的封装；业务任务由业务规则转换而来，是实现业务预想结果所必须执行的一系列操作，可固化为一段操作过程、一个具体的操作动作或一连串软件行为；业务数据由业务对象组成，是对业务对象状态及业务任务执行过程与结果的描述。业务构件元模型是对架构核心概念要素的精准定义和统一语言描述，推动架构核心由知识层向行为层转换，在业务架构、信息架构、应用架构之间建立了更加直接的联系，业务构件元模型如图3.13所示。

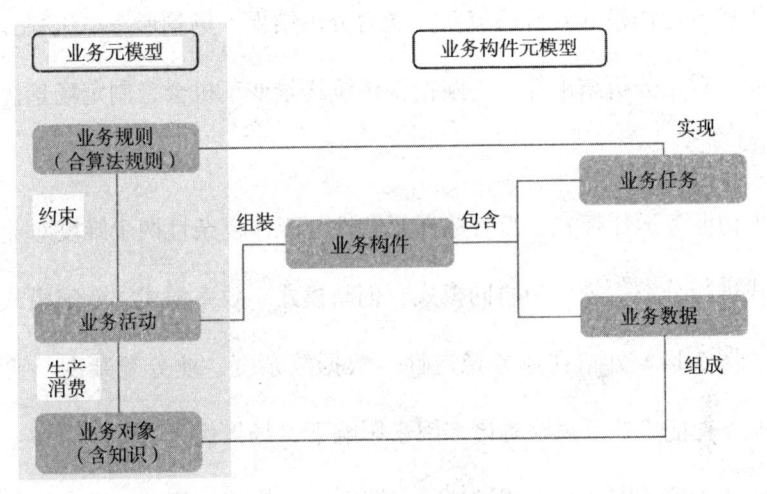

图3.13　业务构件元模型[1]

重点行动举例：选择关键业务角色，映射业务活动，识别和映射输入输出等业务项，识别和映射业务对象等。

核心方法举例：作业模式重构、场景化体验、平台化运营。

---

[1] 资料来源：《华为数字化转型之道》《聚合架构》《面向数字生态的构件化企业架构》等

关键输出举例：数字场景业务活动清单、数字场景业务项清单、数字场景业务对象清单、数字场景对象映射图等。

3.3.5　挖掘变革机会，设计改进方案

在开展数字场景创新的同时，企业需要在传统场景运营的过程中，通过剖析场景运作模式及价值流业务能力分析结果、场景形态与流程分析结果、业务对象分析结果等，不断挖掘传统场景变革机会，制定场景优化改进目标。

重构业务运作模式。沿着数据复杂性与工作复杂性两个维度对业务运作模式进行分类，划分为协同模式、创新模式、效率模式、专家模式4种类型（图3.14）分析在业务稳定性、数据复杂度、业务复杂度、业务频率、业务耗能、业务风险等诸多因素影响下，场景优化目标及方案。以数字化作业为例（图3.15）通过消除高能耗点，构建更简单、更高效的工作方式，使业务周期短、响应快、效率高，并使得企业能够以更加敏捷的方式应对内外部的挑战。

提升业务能力数字化水平。业务数字化转型的可能性与深远程度取决于是否实现了业务对象、业务过程和业务规则的数字化，在这三方面数字化工作越充分的业务领域，越可能通过业务运作模式重构产生更大的业务价值，业务对象、业务过程、业务规则对业务运作模式重构的影响如表3.6所示。

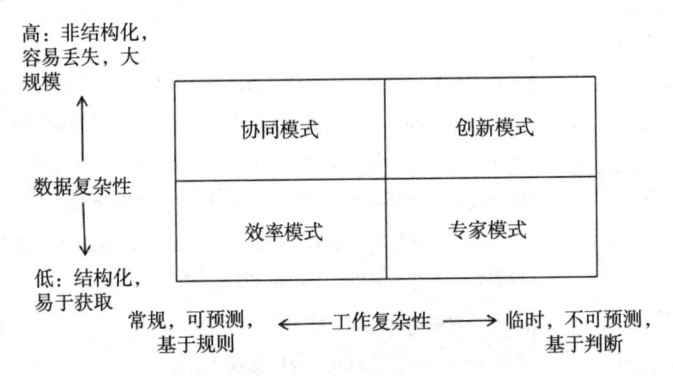

第 3 章　数字场景创新驱动数字化转型的实施路径

```
高：非结构化，
容易丢失，大
规模
    ↑
  ┌─────────────┬─────────────┐
  │   协同模式   │   创新模式   │
数 ├─────────────┼─────────────┤
据 │   效率模式   │   专家模式   │
复 └─────────────┘
杂
性
    ↓
低：结构化，
易于获取

    常规，可预测，  ←— 工作复杂性 —→  临时，不可预测，
      基于规则                         基于判断
```

- 效率模式：利用数字技术实现一致的、低成本的自动化执行
- 专家模式：基于数据建模技术提供智能化的解决方案
- 协同模式：基于数据共享技术，变串行作业为并行作业
- 创新模式：变革作业方式，提升创新的可持续性

图3.14　业务运作模式分析

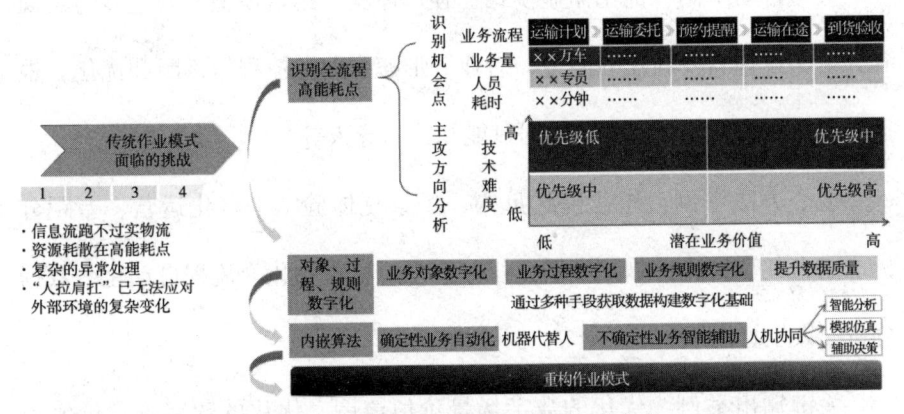

图3.15　数字化作业场景设计的改进方案

表3.6　业务对象、业务过程、业务规则对业务运作模式重构的影响

地位	内容	影响
化学元素	业务对象	业务对象的全量、全要素连接。只有实现业务对象的数字化才能实现围绕对象的精益协同。对象数字化的目标是在数字世界中建立物理对象的数字映射。这种映射不是传统意义上基于流程要求的少量数据的映射，而是这个对象的全量、全要素的数据映射，使得对象在数字世界与物理世界中趋于一致

续表

地位	内容	影响
反应过程	业务过程	业务过程的可视、可管理、可追溯。只有过程数字化才能打通业务的设计态和运行态，实现业务全生命周期过程的协同。业务过程数字化的核心目的是要通过数字技术优化或重构业务过程。不仅将业务过程（全部或部分关键业务活动）由线下转到线上，更是通过引入数字技术提升企业对业务的认知，优化或重构流程，使用户体验更好、作业效率更高、业务决策质量更高
催化剂	业务规则	业务规则的显性化、结构化、可配置。有规则的数字化才能利用数据和算法的力量对化学反应起到"催化"作用。"规则数字化"是指将业务规则进行显性化、结构化定义，实现业务层面的清晰管理；进而将业务规则内部的判断逻辑转换为机器可读，借助算法实现确定规则自动判断执行，提升流程自动化水平

重点行动举例：优化作业模式、客户体验、运营模型，通过能力发现和分析，设计需要新建的能力，对业务形态、业务流程做诊断和优化，根据业务类型选择优化方向、数据赋能和技术导入等。

核心方法举例：作业模式重构、场景化体验、平台化运营、差距分析、能力共享、能力单元模型、任务整合、权责细化、流程自动化、数据分析、人工智能等。

关键输出举例：优化的数字场景价值流图、优化的数字场景价值流图、优化的数字场景能力地图、优化的数字业务流程图及关联视图等。

第4章
汽车企业数字化转型的现状及趋势

4.1 汽车企业数字化转型的发展现状

4.1.1 数字化转型上升为企业核心战略

当前,汽车企业已普遍认识到数字化转型的重要性,纷纷制定数字化发展战略,将打造科技公司和出行服务商作为未来企业发展方向,明确阶段性发展目标和转型路径,挖掘自身竞争合作优势,强化跨产业沟通交流合作,扩大汽车产业生态圈,实现数字化转型协同发展。小鹏汽车创始人何小鹏与联合创始人夏珩成立了广州易点智慧出行科技有限公司;吉利汽车由汽车制造商向出行服务商转型,打造新能源汽车共享出行平台"曹操专车"。

4.1.2 业务内容由"产品"转向"产品+服务"

近几年,汽车产业价值链呈现"总量上升,重心后移"的发展趋势,售后、出行等领域价值上升,推动业务内容由"产品"转向"产品+服务"。随着自动驾驶、智能座舱、智能网联等核心技术的持续升级，汽车作为移动智能终端将以用户体验作为业务创新转型的发展重点。车企联合科技巨头构建"以人为中心"的数字化服务体系，深耕网点布局、用户运营、核心技术解决方案、平台共享业务、数字座舱、自动驾驶及车路云等多个核心方向，通过 OTA 软件优化升级的方式实现对汽车性能的不断更新，满足用户日益增长的个性化消费需求，打造智慧出行生态。同时，汽车企业通过打造一体化大数据平台、创新营销售后线上服务模式、优化业务流程等方式，开展商业模式创新与服务模式重塑，推出共享出行、电车电池租赁、网约车等服务项目。例如，一汽集团、东风集团、长安集团联手腾讯、阿里、苏宁等互联网企业共同组建 T3 出行，依托长安汽车优质汽车产品和服务产业链，运用移动互联网技术打造"互联网+"创新出行服务运营平台，积极布局新兴业态。

4.1.3　数字化转型的新型能力加速建设

企业新型能力建设为数字化转型发展提供新动能，当前企业围绕研、产、供、销、服各价值链环节开展能力建设，具体从与价值创造的载体有关的能力、与价值创造的过程有关的能力、与价值创造的对象有关的能力、与价值创造的合作伙伴有关的能力、与价值创造的主体有关的能力、与价值创造的驱动要素有关的能力等方面展开。一是加速推进协同研发设计。当前企业研发设计不断向产业链上游环节延伸，利用用户数据定义产品形态，依托协同研发平台，开展轻量化、数字化的仿真设计，降低研发设计门槛，应用数字化研发工具与数字技术，实现敏捷研发、虚拟验证，达到提质降本增效的目的。二是稳步推进生产运营智能化。打造智能生态工厂，构建面向用户的个性化定制平台，建立智能生产管理系统，提高生产智能化水平，增强个性化定制能力，协同多个生产环节的业务，贯通数据，取得提质增效新实效。三是加快打造汽车营销新模式。完善汽车全生命周期服务生态体系：发展线上、直营等新型营销模式，通过集成车辆数据、用户使用数据、服务数据实现精准营销，提升营销效率、效果。同时，打造售后服务平台，通过应用软硬件发展远程运维、预测性维护等后市场服务，并与其他产业融合延伸现有后市场服务内容。四是积极推进出行服务敏捷化。积极布局智慧光电、智慧金融、智慧城市等新兴数字化业务，与能源、交通、金融等多领域加速融合，并积极打造移动出行平台，实现业务布局新突破。五是逐步开展数字要素服务转化。企业通过数字化转型能够将数字资源、数字知识、数字能力等进行模块化封装并转化为服务，在开发数据价值的同时，形成数据驱动的信息生产、信息服务新业态。

4.1.4　充分应用数字技术实现企业转型升级

当前，汽车企业以数据为核心驱动要素，广泛应用数字技术，实现流程升级和组织重塑，以有效支撑企业新型能力的建设、运行和持续改进。一是加快探索系统性解决方案探索。随着数字技术的飞速发展，5G、大数据等新技术的应用范围不断拓展，企业生产经营数字化、管理数字化、业务数字化等方面加速探索系统性解决方案。许多车企已经在生产数字化的方向进行了探索和实践，开始研发内部的数字化系统或借助外部数字化转型服务商，对企业内部和经销商进行数字化管理。例如，以蔚来、理想、小鹏等为代表的造车新势力品牌不仅通过数据连接品牌与用户，实现数据驱动智能试验服务，而且利用交叉社群等数字化资源，减少了对传统模式的依赖，实现对价值链的优化重塑，获得竞争优势。二是传统业务流程改造升级。汽车行业广泛应用 ICT 技术改造升级传统业务流程。特斯拉通过线上、线下相结合的解决方案，充分发挥数据价值，搭建线上平台，提供工程师远程诊断服务解决一般故障，降低客户到店维修频率，完成业务流程升级；开展移动服务呼叫移动服务车，实现工程师快速维修；线上预约服务中心上线四套维修方案，对原有售后业务流程进行优化改造。三是不断推进业务上云。近几年，各家车企都在积极推进业务上云底座型数字技术。大众通过搭建统一数字化平台（One Digital Plat form，ODP），将车辆、客户和服务三者连接，为未来的联网汽车打造全新的"大众汽车自动化云"，通过收集汽车使用数据上传云端，帮助故障修复、提醒车主车辆问题及建立集中化技术支持保障体系，为车辆提供人工和自动相结合的远程诊断。东风商用车基于车辆基础信息、车辆运行信息、道路信息、服务网点信息等构建大数据云平台，提供完好率服务，从整车硬件销售到整车硬件与完好率服务的一体化销售模式，并通过完好率服务优化服务网点布局，改变售后商业模式等。

4.1.5 治理体系优化升级

治理体系优化升级是企业推进经营管理数字化的重要抓手，推动企业实现治理模式、管理方式、组织文化等多个方面的转型升级，进而实现企业转型可持续健康发展。一是积极组建数字化部门。汽车企业不断完善数字化管理体系，筹建信息化管理部门（或将数字化工作归属战略规划部门），并成立数字化工作小组，小组由信息化管理部门牵头、各事业部代表参与，对于数据分析和运用等具体工作由信息化管理部门整合后再分配。二是加强数字人才培育。企业纷纷开展面向不同层级员工的数字化转型培育工作，加强数据、业务、技术等不同背景的数字人才培养，同时加强对跨领域、综合性专业人才培育，增强企业全体员工对数字化转型工作认知，由下至上推动企业转型发展。三是创新工作组织模式。为加快构建数字化管理体系，企业目前正积极寻求数字化工作方式多元化，推动数字化管理体系进一步完善，提高数字化转型工作效率。例如，特斯拉优化组织结构及人员设置采用直营模式将 4S 店一分为三，关键人才构成全部为特斯拉人员，不受外部公司掣肘，同时建立虚拟服务中心，加强各地工程师和技术人员的实时协作与数据共享，打造高效数字化治理体系。四是加强供应链上下游协同。随着数字化转型成熟度的提升，车企已经开始逐渐打破传统供应链组织模式，持续开展跨产业生态建设。通过资本合作（如广汽和腾讯等）、签署长期战略合作协议（如长安和腾讯等）、建立联合实验室（如一汽和腾讯的联合安全实验室）等方式，共同打造生态圈。

4.2 汽车企业数字化转型发展的问题及需求

4.2.1 发展战略不清晰

当前，部分汽车企业依旧未将数字化转型作为"一把手"工程深入推进，且存在转型战略不清晰、自身所处转型成熟度阶段不明确等问题，完善数字化转型顶层设计，制定合理的数字化转型路径成为车企在战略层面较为迫切的需求。

一是数字化转型尚未作为"一把手"工程。数字化转型是系统性、全局性的变革，本质是实现业务数字化，从业务流程优化、组织机制变革、生产经营智能决策等多个角度，推动研、产、供、销、服价值链各环节整体转型发展。当前，许多企业将数字化转型工作仅交由 IT 部门推进，但数字化转型关乎企业的方方面面，需要企业"一把手"统领全局，担起企业转型重任。通过牵头制定企业数字化转型战略、挖掘用户价值、改进业务流程、重塑企业架构，引导企业全体员工提升数字化转型认知水平，真正将数字化转型落到实处。二是数字化转型战略不清晰，目标不明确。汽车企业数字化转型伴随着业务布局的深度调整，但面对复杂多变的市场环境，部分企业并未找到体现核心竞争力的新型商业模式，也尚未制定明确的短期、中期、长期的发展目标。在该情形下，战略思想在跨业务领域、跨企业层级流转过程中易产生"失真"或"断流"，进而前期难以有效预估数字化转型资源投入，导致数字化转型过程进度迟缓，转型效果不显著。专业机构调查结果显示，在推进数字化转型的企业中，约有 60% 的企业尚未建立转型发展路径，35% 的企业高管认为缺少明确的转型战略是实现转型的关键壁垒。三是企业对自身数字化转型成熟度阶段不明确。企业数字化转型是渐进式、螺旋上升的过程，转型进程不仅取决于对数字技术的应用，更是涉及其与业务、流程、组织的深度融合。当前，部分企业并未认清自身转型的成熟度阶段，在企业内部盲目应用数字技术与数字化工具，忽略实际转型需求，长此以往，不仅难以产生转型实效，而且造成人力、财力等大量资源浪费，削弱企业转型动力。

4.2.2 业务转型体系不完善

业务创新转型是企业实现价值重构的关键途径，但部分企业尚未厘清业务转型体系，存在业务转型方向不明确、企业业务架构尚未形成、数字业务商业模式亟待探索等问题，难以有效应对不断变化的市场需求，导致企业价值效益提升存在桎梏。

一是业务转型方向不明确。数字化转型浪潮席卷而来，企业纷纷将数字化转型作为重点工作深入推进，对标先进样板、参照成功案例制定自身业务转型方向。但在该过程中，企业忽略了业务转型方向与自身能力的适配性，业务规划部署对实际业务指导性弱，导致业务创新工作推进缓慢，企业价值效益难以提升。二是企业业务架构尚未形成。企业业务架构是以业务战略为指引，分析各项业务与用户触点，分层解耦业务能力，梳理业务逻辑和价值流，达到业务运行效率与企业核心竞争力提升的目的。然而，部分企业尚未形成完善的业务架构，缺少对用户与各业务触点的梳理，难以通过整合战略、组织、流程赋能业务创新实践。三是数字业务商业模式亟待探索。企业数字化转型的目标在于实现业务数字化和数字业务化。其中,业务数字化是指广泛应用数字技术对传统业务进行改造升级,对已有商业模式进行深度重塑,优化价值产生过程。由于我国车企在智能制造方面具有一定的优势积累,当前多数汽车企业已经开始了对业务数字化的积极探索。但对于数字业务化来说,需要构建一体化业务平台,收集用户全生命周期数据,充分发挥数据要素价值,打造新型商业模式,开拓新型数字业务,并将产品与服务有效结合,有效满足用户个性化需求,赋能企业转型发展。然而,部分企业因缺少数据收集渠道、难以整合车辆的复杂数据、尚未形成数字业务敏捷迭代的运营方式,与跨行业、跨产业沟通协作不足,并未探索出行之有效的新型商业模式。

4.2.3 核心能力有待提高

数字化转型过程是系统性创新的过程,需要围绕研、产、供、销、服各个环节同步开展新型能力打造,进而满足用户日益增长的个性化需求,并实现企业内外部资源的按需适配和共享。然而,在当前的新型能力建设过程中,存在研发进度缓慢、生产环节数据孤岛、供应链协同能力弱、线索质量良莠不齐、生态合作模式有待创新等问题,制约着企业数字化转型价值的优化、创造和重塑。

一是研发进度缓慢。虽然部分传统开发流程能够通过引入数字技术实现虚拟仿真,进而达到增效降本的效果,但仍有部分业务领域需要实车验证，难以脱离传统开发模式。二是生产环节依旧存在数据孤岛。汽车行业生产制造环节 IT 系统架构平台多，需要通过第三方接口工具实现数据传输和共享。但由于系统及设备接口标准不统一，缺少工业大数据平台或实施数据融合平台，数据的存储模式、逻辑结构、应用场所、代码协议也不尽相同，生产过程中产生的数据无法通过统一格式上传，难以实现跨系统、跨车间、跨部门的数据共享，导致了数据孤岛的存在。三是供应链上下游协同能力弱。由于供应链上下游企业数字化发展程度不均衡、企业间数据信息标准不统一，当前汽车供应链上下游业务尚未完全打通，供应链全链条信息难以实现快速传递。一方面，由于上下游企业数字化发展程度不均衡，主机厂数字化程度普遍较高，但零部件供应商数字化基础薄弱，企业之间不同步的数字化发展程度为供应链上下游业务的数字化集成互通带来难度；另一方面，企业间数据标准不统一，企业均采用各自独立的数据标准，导致系统信息获取、对接等准备工作工作量较大且无法快速复用。四是客户线索质量良莠不齐。根据垂直媒体平台监测数据显示，从 2011 年起网销线索数量呈持续上涨态势，但线索有效率持续下滑。线索量增长是经销商所追求的目标，但线索量的大幅提升伴随着经销商运营管理、人员架构、线索采购等成本的增加，进而使线索跟进转化及获取难度进一步加大，导致线索量和线索有效率呈现"剪刀差"。同时，线索质量良莠不齐意味着重复线索、无效线索增加，直接影响转化率走低及线索成本升高，进而制约了经销商销售目标及厂商 ROI 指标的实现。五是生态合作模式有待创新。汽车产业系统中成员之间的共享连接程度不高，生态系统协同机制不健全，生态圈智能共享、自学习优化能力不足。当前，生态圈信息共享一般是基础信息的共享，跨界生态伙伴语言体系有待对齐，长期合作的共赢利益基础和利益分配机制有待完善，导致生态伙伴之间的能力及知识方面的共建共享程度不高，同时基于算法的自学习优化能力也有所不足。随着汽车产业链的日益完善，未来的生态合作模式有待明确。

4.2.4 关键技术亟待突破

数字技术是企业数字化转型的重要支撑，但我国汽车企业在转型过程中普遍存在共性技术赋能业务有短板、核心技术自主创新能力弱、企业数据治理程度低等问题，难以通过应用数字技术有效赋能企业业务发展。

一是共性技术赋能业务有短板。共性技术具有通用性、关联性、开放性、系统性的特点，是赋能我国制造业高质量发展的重要力量。国务院国资委发布的《加快推进国有企业数字化转型工作的通知》强调，通过联合攻关、产业合作、并购重组等方式，围绕企业实际应用场景，加速突破先进传感、新型网络、大数据分析等数字化共性技术。然而，由于我国当前在关键共性技术开发过程中仍面临"卡脖子"问题，且部分行业领域数字化转型基础薄弱，因此尚未打造出在多个领域普遍适用的共性技术平台，难以赋能企业业务协同创新发展。二是核心技术自主创新能力弱。智能化成为全球汽车产业发展的必然趋势，我国汽车企业在智能汽车创新发展中存在诸多关键核心技术亟待突破。其一，前瞻技术自主创新能力不足，在环境感知技术、智能互联技术、车载网络技术、驾驶辅助技术、信息融合技术、信息安全与隐私保护技术等方面存在明显短板。其二，核心工业软件受制于人，研发设计类软件 CAE、CAM、CAPP 等主要依赖西门子、达索等国际供应商企业，生产调度和过程控制类软件尚处于起步阶段。其三，关键零部件自主研发能力欠缺，核心电子元器件、高端芯片、智能传感器和仪表仪器等主要依赖进口。三是企业数据治理程度低。"数据要素"是当前车企数字化转型过程中的关键部分，通过对数据治理才能深度挖掘、分析数据的价值。然而，部分企业尚未真正认识到数据驱动智能决策的重要作用，在跨系统、跨部门、跨企业间缺少统一的数据标准和全局规范文档，且数据产权不明确，收集、分析、管理、使用流程不清晰，导致数据难以实现有效对接应用，无法发挥全部价值。

4.2.5　治理体系不健全

企业数字化转型需要建立与之相匹配的治理体系，并通过管理模式持续变革推动企业转型发展。然而，拥有综合背景的数字人才短缺、转型工作负责部门不明确、企业跨部门协同能力弱等问题制约着治理体系转型的过程。

一是拥有综合背景的数字人才短缺。汽车企业数字化转型涉及业务、IT、数据等多个方面的变革，所需的数字人才从"单一领域专家"逐渐向"复合型人才"转变。然而，数字人才短缺已成为制约汽车企业数字化转型的关键因素，兼具业务能力、数字化转型核心方法论和IT等复合能力的人才培养周期长、难度大，且企业缺少对该类人才的有效培养体系和上升机制，导致企业竞争力难以提升。伴随着全行业数字化的快速推进，数字人才需求缺口还会持续加大。二是转型工作负责部门不明确。车企数字化转型存在多部门同时运作重复工作或权责交叉的情况，负责部门不清晰等问题，需要企业内部各部门打破部门间的隔阂，特别是业务部门需要从思想上彻底改变将IT部门视为"数字化工具的供货商"的错误认知，缓解部门间因利益冲突导致的配合意愿降低等问题，进而保障IT部门和各部门能够沟通顺畅。三是企业跨部门协同能力弱。企业长期生产经营过程中形成约定俗成的"部门文化"，呈现各自为政的情形。各部门之间由于分工不同、利益不同，导致沟通意识淡薄，合作意愿较低。特别是业务部门与IT部门之间的合作，由于缺乏沟通，通常导致业务部门所需数据与IT部门的供给数据不匹配，导致合作难以顺利推进。

4.3 汽车企业数字化转型发展趋势

4.3.1 数字化转型上升为"一把手"工程

汽车企业要充分认识到数字化转型是一项长期投入,并将其上升为"一把手"工程,通过开展跨产业战略合作,提升自身数字化核心能力,推动打造汽车产业生态圈。一是数字化转型战略成为企业核心发展战略。未来数字化转型将成为所有企业发展的主基调,数字化转型战略将完全成为企业核心发展战略,指引企业在业务、技术、管理建设等多个方面开展全面转型升级,构建基于平台的合作网络,开发数字时代新商业模式,加速形成产业链控制能力,来实现以用户需求为中心的数字产品和服务精准按需供给,提升企业核心竞争优势。二是与行业内外合作伙伴共同打造能力合作中心。面对复杂多变的市场环境,汽车企业要加速培育数据驱动、智能驱动的竞争优势,加强与跨产业合作伙伴的战略合作,实现企业内部、产业链供应链数据、生态合作伙伴数据信息按需精准获取,减少各类

VUCA因素的影响,将打造智能化、泛在化的产业生态视为未来的发展方向,探索价值共创、共用、共享机制,开辟价值效益发展新空间。例如,与电网、金融机构、高速管理机构形成战略合作平台,共建快速换电、充电服务能力,共享新业务模式收益。

4.3.2 服务领域业务占比提升

随着汽车企业数字化转型,新型数字业务不断涌现,企业发展蓝图指引企业架构发生全面变革,业务价值逐渐向产业链后端延伸,推动服务领域业务价值占比提升。一是重塑企业业务架构。当前,虽然汽车企业已经开展对业务数字化的积极探索,但在数字业务化方面仍存在数字业务方向与自身能力适配性弱、产品服务难以满足用户需求等问题,亟须重塑业务架构,开展围绕数字业务的能力建设。在该过程中,企业将要以发展战略为指引,挖掘各项业务与用户触点,分层解耦业务能力,梳理业务逻辑和价值流,加强各项业务能力模块的共享和复用,加速培育数据资源服务、数据知识服务、数字能力服务,着力推进数字业务发展。二是后市场领域业务价值占比提升。随着信息技术与后市场领域的加速融合,实时云端服务等远程技术的优化,带动以远程运维为代表的即时快速后市场服务全面推广,改变汽车产业传统"微笑曲线"的发展趋势,推动汽车后市场领域业务价值提升。三是基于自动驾驶的共享出行新商业模式应用更加广泛。

随着自动驾驶、智能网联技术的突破，以及泛在智联基础设施完善，基于人—车—路—云连接的生态网络使出行零事故成为可能，推动共享出行服务比例大幅提升。共享出行服务通过实现"软件定义汽车"满足用户个性化需求，打破汽车产业生态边界，推动汽车发展成为智能终端，以OTA迭代升级的方式提升用户出行附加价值体验，为用户提供跨产业一体化集成服务，打造新一代出行商业模式。

4.3.3 各价值链环节全面升级

随着数字经济的快速发展，数字化加速产业生态的变革与重构，汽车产业价值链不同环节的数字化水平全面显著提高。一是开展虚拟研发测试。当前，部分研发业务需要实车验证，因此难以脱离传统的开发模式。数字孪生作为跨越数字世界与物理世界的各类新兴技术融合体，能够通过提供产品全生命周期数据，有效支撑虚拟研发测试业务发展，实现研发过程降本增效。二是发展大规模个性化定制生产模式。针对生产系统及设备接口标准不统一、工业大数据平台缺失的问题，汽车企业亟须完善企业内部及企业间数据共享机制及互联互通标准、完成设备设施上云上平台，通过按需调用企业内外部资源、知识、能力，实现数据驱动的大规模个性化定制生产。三是强化供应链协同。当前，主机厂与零部件厂商数字化发展程度不均衡，供应链上下游协同存在数据集成难度高、信息不对称等问题。为有效加强供应链协同，企业亟须通过数据互联互通强化供应链精准协作能力，并提升基于大数据及人工智能等数据模型驱动的动态调整能力。四是实现精准营销。在营销过程中，线索量的大幅提升伴随着经销商运营管理、线索采购成本的增加，以及线索获取、跟进、转化难度加大。未来企业需要通过直接运营客户，获取并分析产品全生命周期中关键场景的用户触点、数据等信息，围绕用户个性化需求，减少无效线索提取，实现精准营销。五是推动用户服务延伸。针对生态合作伙伴之间信息、能力、知识共建共享程度不高的问题，构建线上线下一体化平台、运营OTA服务及小程序平台，延伸用户服务内容，获取用户对于服务的反馈，以"反复试错、快速迭代"的方式，对现有产品及服务进行完善和优化，推动汽车产品向智能终端转变，创造新的业务价值增长点。

4.3.4 数字化治理体系的深度重塑

一是建成数字化组织架构，通过数字化转型，优化组织架构，从面向功能的组织转向平台型开放组织工作，设置强有力的部门来协调业务和信息化部门，塑造整体的数字化领导组织，使员工效能不断提高，统筹推进数字化转型落地；二是组织模式由"刚性"管理转向扁平化"柔性"管理，建成扁平化、平台化的新型组织架构，建设小型化、自主化、灵活化的决策单元，实现企业架构从"公司＋雇员"向"互联网平台＋海量个人"的组织架构转变，创新责、权、利一体的组织管理新模式；三是构建起互联互通的数字基础设施外部环境，使数字基础设施建设得到有效强化，构建起互联互通的外部环境，逐步构建覆盖供应链上下游企业、生态合作伙伴等的互联网络与社会化基础资源平台和社会化数字能力平台，不断创造新的利润增长点。

4.3.5 技术、数据与业务加速融合

汽车企业的数字化转型将不再满足于基础的线上化和信息化，而是将数字、技术与业务深度融合，加速赋能数字经济增长。一是企业内部数据全面贯通，实现数据驱动智能决策，利用中台战略支撑企业从流程驱动向数据驱动转变，以数据、模型驱动智能决策，通过覆盖产业链上下游各单位的数字能力服务，实现服务能力的自主决策、优化及服务需求的智能响应；二是将信息通信技术（ICT）应用到全业务过程，不断融合创新，信息通信技术在汽车领域持续深度应用，推动汽车产品智能化、汽车产业网络化、多元化发展，技术在深度应用全业务过程中不断融合创新，形成新的技术应用模式；三是实现关键技术自研，降低企业成本，汽车企业将进一步加大自研力度，主动争夺核心技术和关键技术的主导权，扩大自身优势，补充技术短板，加快技术创新，降低企业成本。

第5章
汽车企业数字化转型的总体路线图

通过前文对于汽车企业数字化转型现状、问题及趋势的分析，本书制定了汽车企业数字化转型总体路线图，构建企业数字化转型路线图三层级架构，并以其为指引，明确汽车企业数字化转型发展愿景，从发展战略、业务创新转型、新型能力、系统性解决方案、治理体系5个方面制订2025年、2030年、2035年的阶段性发展目标。通过探索产品、研发设计、试验测试、生产制造、供应链、营销、售后、出行8个子领域的场景主线及其对应的核心要素，推动核心能力建设的系统性解决方案及治理体系，为企业未来数字化转型落地实践提供方向路径指引。

5.1 技术路线图架构

路线图作为一种过程管理工具，能够帮助企业在数字化转型过程中规划未来发展目标、业务方向及支撑体系建设，推动企业分阶段高效地开展数字化转型落地实践。本节从技术路线图的定义、制定方式及构成要素逐层剖析绘制技术路线图的必备条件，并结合汽车行业的特点，形成三层级技术路线图的架构。

5.1.1 技术路线图的定义分析

对于技术路线图的定义，已有研究多从战略目标制定的视角进行界定。1998 年，Robert Galvin 在《Science》期刊上最早提出对 "Science Roadmaps" 的概念，其认为技术路线图是基于先驱者的集体智慧对某领域未来发展的延伸展望。Prober 对上述内容进行进一步具象化，强调技术路线图的本质是制定组织发展目标，需要在利益相关者达成一致的前提下有效规划目标实现路径。Phaal 等学者对目标的制定、计划、执行的整体过程进行拆解，指出技术路线图需要回答"目标是什么""目前状况怎样""如何完成目标"3 个问题。总的来看，技术路线图是针对某一特定领域制定未来发展战略目标，从不同层面制定发展路径的过程管理工具。

5.1.2 技术路线图的制定方式及构成要素分析

随着技术路线图向产业、区域、企业不断应用拓展，技术路线图仅考虑战略目标难以真正指导组织应用实践，需要进一步剖析其制定方式、构成要素及要素间的关联关系。

对于技术路线图的制定方式，已有研究认为需要与时间维度相结合，用来追踪、度量目标的完成情况。盛济川等学者认为技术路线图是一种将横向延伸的时间元素与纵向延伸的市场、产品、项目、技术等元素相结合的理想工具。汪雪锋等学者认为，技术路线图通过图示形式分析市场、产品与技术的演进，并预测未来发展趋势，需要组织根据目标制订出不同时期、不同阶段的计划。

对于技术路线图构成要素及要素间的关联关系，已有研究多认为组织短期、中期、长期发展目标需要与业务/产品发展相互关联，并通过政策、技术、市场、管理等相关驱动要素支撑实现。技术路线图作为市场机会与技术缺口的结合，是一个将科学技术考虑纳入产品层与业务层的战略规划工具，并将组织战略制定、客户/市场需求、产品/服务计划、技术、管理相互关联，进而实现组织增值。陈媛媛认为技术路线图依据特定领域发展前景目标，建立技术资源、组织目标、环境变化之间的动态联系，以直观展示前景目标的实现路径。

综上所述，已有研究多认为技术路线图是规划组织未来发展目标愿景的工具，而且在应用层面上，需要从不同时间跨度出发，围绕组织产品/业务制定阶段性重点任务，并以技术、管理等手段支撑重点任务实现。技术路线图的绘制方法如表 5.1 所示。

表5.1　技术路线图方法梳理[1]

方法名称	方法简介	主要功能	注意事项
情景分析法	在充满不确定因素环境中寻求最大可能性图景	适用于研究制定灵活稳健、富有弹性和革新性的政策和战略。可有效支撑中长期规划	当被用来测试现有战略或计划的可靠性时，应向前预见至少两倍远的时间；情景应该是动态的而不是静态的
综合德尔菲调查法	通过专家的"背靠背"独立参与、搜寻未来时点、多次迭代循环、力求达到共同认知	把专家的经验判断转化为定量描述，使定性的调查获得定量的说明，并对技术未来实现的时间进行判断	慎重挑选专家组成员，灵活地设计征询表；所提问题要构成一个整体，表达简洁而清楚明确；涉及的指标体系和相关计算，要与统计专家探讨后确定
头脑风暴法	通过一组专家共同开会讨论，进行信息交流和互相启发，从而诱导专家们发挥其创造性思维，以达到互相补充，并产生组合效应	获取事件的未来信息，厘清问题和影响因素，形成方案	要能提出较多的设想，设想的数量越多，则获得有价值的创造性设想的概率就越大；专家最好彼此不认识；要有真正自由发言的环境
SWOT分析法	将内外部条件的各个方面内容进行综合和概括，进而分析组织的优劣势、面临的机会和威胁	客观而准确地分析和研究一个组织的现实情况	避免在整体目标尚未明确和获得共识前，就进行SWOT分析；避免复杂化与过度分析
专利分析法	将海量的专利文献通过科学地收集、筛选、分析，并将结果形象地转化为可视化信息	利用专利信息，有效把握领域发展的方向与水平，支撑科学决策	掌握区域技术重点与技术分散情况，辅助梳理技术体系；了解领域发展前沿与主要申请人情况，辅助研判现状基础
词频分析	通过对能够揭示文献主旨的关键词或主题词在某一研究领域文献中出现频次的统计来确定该领域的研究热点和发展趋向	通过对相关文献进行数据检索、排查、统计分析，展开相关关键词或主题的识别	要求文献具备一定的样本量，支撑一般规律及发展趋势的挖掘

---

[1] 资料来源：

傅翠晓，庄珺，沈应龙，等. 面向战略需求的产业技术路线图方法体系研究 [J]. 科技管理研究，2022, 42(7): 137–143.

孟凡生，李晓涵. 中国新能源装备智造化发展技术路线图研究 [J]. 中国软科学，2017(9): 30–37.

5.1.3 汽车企业数字化转型路线图的三层级架构

考虑到不同产业之间具有差异性，上述技术路线图的制定方法单从组织产品/业务角度出发，难以覆盖汽车企业所有的价值链环节。汽车产业作为国民经济的重要支柱产业，具有产业体系完善、产业链长、涉及面广的特征。因此，本书在参考借鉴已有成果的基础上，构建了汽车企业数字化转型路线图的三层级架构，制定了企业长期发展目标，并以数字场景建设为核心，深入剖析各价值链领域重点场景主线及各场景分阶段建设数字化水平，为企业数字化转型发展提供目标指引、路线参考和实施指南，如图5.1所示。

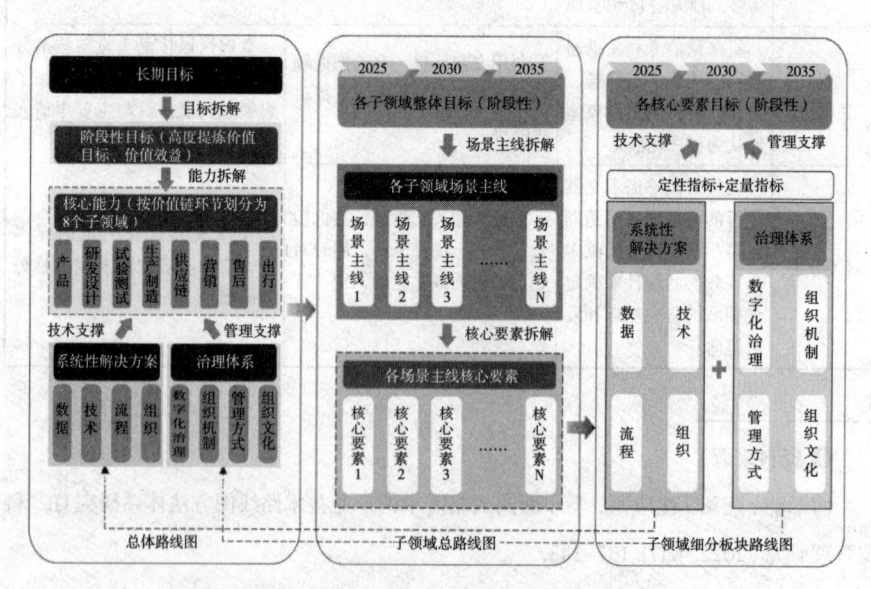

图5.1 汽车企业数字化转型路线图的三层级架构

汽车企业数字化转型路线图包括 3 个组成部分，分别是总体路线图、子领域总路线图、子领域细分板块路线图，3 个部分逐层向下拆解，如图 5.2 所示。

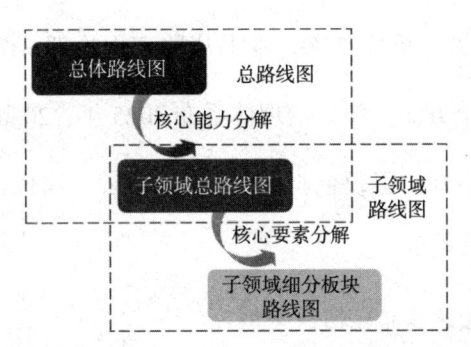

图5.2 汽车企业数字化转型路线图的三层架构的逻辑关系

5.1.3.1 总体路线图的架构

总体路线图包含发展愿景、阶段性目标、核心能力、系统性解决方案和治理体系 5 个部分。其中，长期目标明确了 2025 年至 2035 年期间企业长远发展目标，详细描述了企业转型方向；阶段性目标以定量指标与定性描述相结合的形式，对 2025 年、2030 年、2035 年分别预期要实现的目标进行总结与提炼；核心能力作为路线图的重要内容，是企业数字化转型落地实践的重要支撑，本书按照汽车产业价值链划分为产品、研发设计、试验测试、生产制造、供应链、营销、售后、出行 8 个子领域，明确各子领域在 2025—2035 年期间的数字场景建设主线，指引企业数字化转型场景建设的首要任务及方向；系统性解决方案作为支撑企业战略落地，服务核心能力运行、集成、共享，是洞察预测客户需求的重要手段。本书从数据、技术、流程、组织4个方面，阐释系统性解决方案分别在2025年、2030年、2035年预期将要达成的阶段性目标，为企业运营平台、数字技术、核心软硬件、核心装备建设及应用提供有力指引；治理体系作为推动企业战略落地的另一重要支撑，本书从数字化治理、组织机制、管理方式、组织文化4个方面，明确治理体系在2025年、2030年、2035年预期要实现的阶段性目标，引领企业复合型人才培养、岗位职责划定、平台化生态化运营等。

5.1.3.2 子领域总路线图的架构

子领域总路线图是对总体路线图核心能力部分的进一步诠释，包括各子领域的整体目标、场景主线以及核心要素。其中，对于整体目标，强调产品、研发设计、试验测试、生产制造、供应链、营销、售后、出行8个子领域在2025年、2030年、2035年分别预期要实现的阶段性目标，是对各子领域未来数字化转型发展水平的抽象概括与高度提炼；对于场景主线及核心要素分析为数字场景建设过程中的价值流分析、业务流程梳理、关键对象识别奠定基础。

5.1.3.3 子领域细分板块路线图

子领域细分板块路线图是对子领域总路线图中支撑各场景主线建设的核心要素开展进一步分析。通过采用技术路线图主观的方法，围绕技术应用、平台建设、运营管理等多个方面，以"定量+定性"的方式阐述各核心要素在2025年、2030年、2035年分别预期要达到的阶段性目标，帮助企业在数字场景建设过程中明确业务规则、业务活动、业务对象等,推动业务构件元模型的创建,切实指导企业数字化转型落地实践。

5.2 长期目标

5.2.1 完成从汽车制造商向出行服务商的转型

在新形势下,汽车产业价值链整体呈现"重心后移"的发展趋势,即汽车产业的价值内涵向服务端延伸,将以"制造"为核心的价值链模式,转变为"智造+服务"的集成。伴随着售后服务和出行服务在服务端比例的上升,汽车行业逐渐衍生出一批新型的服务模式,整体呈现出多模式交通、共享出行、电动汽车和自动驾驶相结合的特征,并与金融等行业展开合作,积极培育跨界融合的新型服务模式,通过挖掘用户需求,融合传统产业和新一代技术,促进服务模式创新。中国第一汽车集团有限公司(中国一汽)、东风汽车集团有限公司(东风集团)、北京汽车股份有限公司(北汽集团)、浙江吉利控股集团(吉利控股集团)、丰田汽车公司(丰田)等汽车企业,通过制定出行战略、打造出行服务平台,探索新服务模式,逐步向移动出行服务商转型,如表5.2所示。

表5.2 国有汽车企业出行服务商转型战略布局

企业名称	出行服务商转型战略布局
中国一汽	一汽以"数字驱动美妙出行"为愿景,积极推动自身的数字化转型,努力成为世界一流的移动出行服务公司
东风集团	开发网联/定制车辆,打造一体化出行服务平台、管理平台、渠道平台和大数据平台,从价值、安全、生态、创新、服务五大方面持续提升用户体验、构建出行生态,推动一站式出行和智慧城市落地; 构建的东风出行和T3出行平台,已在全国多个城市开城运营,其中T3出行注册用户数量突破1亿人
吉利控股集团	推出"曹操出行",主要有新能源汽车从事开展网约车、互联网分时租车、快运、"曹操"碳银行等业务,为用户提供安全、便捷、低碳、高品质的一站式出行方案; 发布以用户出行体验为核心的纯电原创架构——SEA浩瀚智能进化体验架构,通过软硬深度结合,加速吉利从汽车制造商向出行服务商科技转型
丰田	提出要转型为移动出行公司,推出e-Palette多功能出行平台,与软银集团合作成立新合资公司MONET,开发自动驾驶及汽车共享业务,通过投资、合作等方式不断加强在出行领域上的布局,一步步向出行服务公司转型
大众	宣布要成为软件驱动型移动出行服务提供者,以数字化、电动化和自动驾驶作为集团未来发展的核心方向,并基于对技术、硬件和软件全面整合的能力,通过构建"自动驾驶服务生态圈(AV MaaS)",为用户打造整合化的出行服务方案
北汽集团	构建"华夏出行有限公司",打造绿色出行服务平台,倡导共享经济理念,以北汽新能源汽车为基础,打造网约车、出租车、智慧穿梭巴士、共享物流车等绿色全业态出行服务体系,满足公务出行和社会出行等方面的需求; 北汽鹏龙与中国银行、万事达卡共同发布中行北汽鹏龙联名卡,以金融服务赋能汽车服务,响应市场需求

未来,移动出行服务商要为用户提供基于数字化的极致服务,实现用户出行个性化动态数据的精准获取、智能分析、监督管理及在线决策优化,全面发展共享出行、一站式出行、低碳出行与基于自动驾驶的智慧出

行服务。

5.2.2 打造科技公司,实现"软件定义汽车"

在汽车智能化和网联化的发展趋势下,传统的硬件差异化配置已经不能满足用户日益增长的消费需求,汽车和出行、硬件产品与软件服务的边界越来越模糊,车企的核心竞争力由硬件开发和制造向软件开发和软硬件综合集成等能力转变,自动驾驶技术的进步使得人们用车的方式也随之改变,整车制造商纷纷和科技公司展开合作,在车规级芯片、自动驾驶解决方案、智能座舱等多个领域展开联合攻关,持续布局前沿技术领域,构建"软件定义汽车"背景下的整车功能和服务生态圈。中国长安汽车集团有限公司(中国长安)、上海汽车集团股份有限公司(上汽集团)、广州汽车集团股份有限公司(广汽集团)、吉利控股集团、长城汽车股份有限公司(长城汽车)等汽车企业纷纷向科技公司转型,如表5.3所示。

表5.3 国有汽车企业向科技公司转型的战略布局

企业名称	自主构建数字化中心	成立独立软件子公司	联合第三方平台成立创新技术中心	科技布局
中国长安	长安汽车在内部实行了软硬分离的组织架构,其中零部件级软件开发归属软件中心	成立重庆长安汽车软件科技有限公司,落实长安汽车"5+1+5+1"软件核心能力建设	长安汽车与华为合作,构建联合创新中心	打造大规模智能化开发团队,提升软件开发人员占比,重点布局智慧出行、人工智能、芯片、高精地图、语音交互、全息技术等领域

续表

企业名称	自主构建数字化中心	成立独立软件子公司	联合第三方平台成立创新技术中心	科技布局
上汽集团	成立软件开发、大数据、人工智能、云计算、网络安全等中心	成立上汽集团零束软件分公司，聚焦智能驾驶系统工程、软件架构、基础软件平台和数据工厂	上汽携手地平线信息技术有限公司建立人工智能联合实验室；上汽与华为签署合作协议，共同推进智能出行服务暨下一代蜂窝车联网产业发展	集自动驾驶研发与示范、智能网联大数据平台打造新能源、汽车研发、零部件制造、供应链合作、整车生产及试制试验等多业务于一体，推动人工智能、大数据、云计算与汽车产业的加速融合，推出全新技术品牌R-TECH，致力于智能座舱、智能驾驶层面的突破
广汽集团	部署数字化战略，从研发开始，打造数字化设计、数字化制造、数字化销售的一体化模式	成立星河智联汽车科技有限公司，在智能座舱、车联网、汽车数字化服务等领域，打造品牌、技术和产品体验的行业标杆	广汽研究院与中科创达成立智能汽车软件技术联合创新中心；广汽研究院与东软睿驰联合成立广汽研究院-东软睿驰SDV联合创新中心	以ADiGO智驾互联生态系统+普赛OS全方位布局智能网联领域，全栈自研智能网联研发体系——广汽星灵架构，在电池技术及混动技术上持续取得突破；加大研发投入，预计到2030年还要有上千亿的研发经费投入
吉利控投集团	打造数字化转型引擎——Geega工业互联网平台，为全行业提供数字化转型服务	成立上海路特斯软件科技有限公司，聚焦5G通信技术服务、工业互联网数据服务、智能机器人研发、软件开发等；成立亿咖通科技，聚焦车载芯片、智能座舱、智能驾驶、高精度地图、大数据及车联网云平台等	吉利汽车联手腾讯，围绕智能座舱、自动驾驶、数字化营销、数字化底座、数字化新业务及低碳发展等领域展开全方位战略合作	积极布局新能源、智能化、高端装备制造、车载芯片、共享出行、集中式电子电气架构和车联网领域，推进自动驾驶技术的研发及产业化；建立完善的研发体系，研发投入处于行业较高水平

续表

企业名称	自主构建数字化中心	成立独立软件子公司	联合第三方平台成立创新技术中心	科技布局
长城汽车	成立一级部门"数字化中心",业务包括智能驾驶、智能座舱、数字化营销平台、数据中台、用户运营平台等	成立执行科技公司,聚焦工程和技术研究与试验发展;软件开发;工业设计服务等	长城汽车与当代安培科技有限公司战略合作,推动新能源汽车技术进步;长城汽车与地平线签署战略合作框架协议,双方将以高级辅助驾驶(ADAS)、高级别自动驾驶和智能座舱方向为重点	发布"柠檬""坦克""咖啡智能"三大技术品牌,积极布局主被动安全领域、辅助驾驶安全领域、电子电气架构安全领域、纯电领域、氢能领域

5.3 核心能力

新型能力建设是实现数字化转型的核心路径,本书将汽车产业价值链划分为产品、研发设计、试验测试、生产制造、供应链、营销、售后、出行8个业务领域,探究各业务领域未来2~3条场景主线,明确企业细分板块能力建设方向,详见表5.4。围绕上述内容,第五章将针对各业务领域研究制定细分板块路线图,寻找支撑各场景主线发展的关键要素,并分析每个要素在2025年、2030年、2035年预期要达到的阶段性目标,为推动汽车产业细分领域转型发展奠定基础。

表5.4　汽车产业各价值链环节场景主线

价值链环节	场景主线1	场景主线2	场景主线3
产品	产品形态数字化	产品数字化工具链	产品数字化开发流程
研发设计	协同研发	虚拟仿真	敏捷迭代
试验测试	智慧检测	检测数据增值服务	—
生产制造	大规模个性化定制生产	数字孪生工厂建设	—
供应链	供应链协同	生态共建	—
营销	数字化营销	全域营销	—
售后	传统售后智能化	新兴售后网联化	—
出行	出行服务平台	出行服务业务	—

5.3.1 产品

5.3.1.1 场景主线1：产品形态数字化

产品架构是产品电气化和形态数字化演变的基础，产品形态数字化重点围绕硬件、软件、通信架构三大升级展开。一是，底层硬件技术作为汽车产业数字化发展的基础，通过融合新一代通信技术，收集包括车辆瞬时速度、瞬时耗电量、驾驶员行为等智能电动车运行数据，支撑智能汽车迭代发展。二是，智能化、网联化发展推动"软件定义汽车"，通过OTA等方式实现固件在线升级（Firmware Over-The-Air, FOTA）和软件在线升级（Software Over-The Air, SOTA）系统和软件升级，使汽车产品逐渐发展成为"移动的智能终端"。三是，通信架构是运用新一代信息通讯技术，将包括人、车、路、云在内的物理层、信息层、应用层连接为一体，通过实现感知、决策和控制，达到车辆行驶安全性能、效率等综合性提升。

5.3.1.2 场景主线2：产品数字化工具链

产品数字化工具链是指融合多维度的产品属性数据库、产品智能决策数字化工具、智库数字化服务平台，形成自上而下的数字化工具链体系，为实体行业数字化转型提供有力的支撑。其一，融合多维度的产品属性数据库可以推动数据的深度融合应用，基于完备的数据库，对整车智能化等多维度信息展开高频且精细的追踪，结合专业化与结构化视角，实现量化跟踪和多视角数据策略；其二，产品智能决策数字化工具通过运筹优化与机器学习，依据人工智能算法和算力，对数据信息进行主动干预和利用，帮助车企跃升到智能化决策阶段，实现数智化的战略转型；其三，与数字技术融合的智库数字化服务平台，能够形成更加全面的智库协同创新服务体系，通过有效利用大数据资源最大程度上挖掘数据的潜在信息含量，带来信息增量，构建以大数据为特征的智库数字化能力体系，有效提升智库的服务效率，满足智库决策支持需求。

5.3.1.3 场景主线3：产品数字化开发流程

随着"软件定义汽车"的发展，产品数字化开发流程逐渐向"V字"模型流程演进。"V字"模型开发流程遵循从市场中来，到市场中去的思想理念，一般分为3个阶段，即产品定义阶段、产品开发阶段和产品验证阶段，3个阶段的工作从产品定义到整车目标分解，再到系统、零部件目标分解，再从零部件到系统再到整车目标验证，形成了一个类似"V"的工作路径，即正向开发流程，以各个部件的性能目标来实现对于整车开发性能目标的呼应,最终与源头的产品定义和市场目标相吻合。

5.3.2 研发设计

5.3.2.1 场景主线1:协同研发

协同研发平台集成融合研发相关的技术、核心方法、流程、规范等内容,打通研、产、供、销、服各环节数据,实现跨部门、跨企业及供应链上下游间的协同研发,提升研发效率。

5.3.2.2 场景主线2:虚拟仿真

虚拟仿真旨在在虚拟环境中,根据研发测试要求和规程,应用虚拟样机技术、仿真建模技术、数字孪生等虚拟测试技术进行产品功能和性能的测试,进而实现优化研发测试流程、缩短研发测试周期、降低研发成本等目标。

5.3.2.3 场景主线3:敏捷迭代

敏捷迭代旨在对用户的个性化需求进行快速反馈,引入敏捷开发工具,对已有软硬件产品进行迭代优化。以用户的需求进化为核心,采用迭代、循序渐进的核心方法进行开发,可以同时执行多项研发设计任务,同时从所有利益相关者处收集反馈,从而在开发过程的多个阶段形成反馈闭环,使开发人员及时发现问题,提升产品性能。

5.3.3 试验测试

5.3.3.1 场景主线1：智慧检测

围绕人、机、料、法、环、测各要素，构建智慧检测重点方向，以提高管理效率，助力业务提升，延伸服务范围及水平，实现智慧试验室解决方案产品化、智能化及智慧化管控支持。

5.3.3.2 场景主线2：检测数据增值服务

检测数据增值服务是指按照既定协议、标准和规范，实现检测设备互联互通，并利用先进的微服务和平台化技术完成试验全过程、全要素的智能管控，突破跨试验室互联、跨域服务共享、跨域流程管理，获取试验检测数据。通过对检测数据的有效管理、收集、存储、处理和应用，充分发挥数据价值，挖掘检测数据增值服务，形成企业新商业模式。

5.3.4 生产制造

5.3.4.1 场景主线1：大规模个性化定制生产

大规模个性化生产将前沿技术与生产业务相融合，打通不同环节、流程与工艺间的数据壁垒，开展新兴能力模块化封装与在线部署，应用高级排产系统,实现用户个性化需求的快速响应,增强个性定制能力,满足消费者的多样化需求,同时,"以需定产",减少库存积压,降低物流成本。

5.3.4.2 场景主线2:数字孪生工厂建设

数字孪生工厂参照生产实景,运用3D虚拟建模技术,仿真生产线,实现生产监测、智能巡检、模拟测算、故障预警等。同时,数字孪生工厂开展生产任务测试,应用人工智能技术和智能算法实现自决策、自优化,并提供有效方案反馈,缩短产品开发及规划周期,减少设计变更,降低投资成本。

5.3.5 供应链

5.3.5.1 场景主线1:供应链协同

供应链协同是供应链上下游合作伙伴实现在线数据、能力和业务协同,打通供应链上下游的计划、采购、研发生产、发运、售后等业务环节,集成融合供应链上下游的多级供应商、主机厂、分销商、物流服务商和用户等个体,形成以用户为中心的快速响应、智能柔性的网状汽车供应链体系。

5.3.5.2 场景主线2:生态共建

生态共建是指与供应链生态合作伙伴实现在线数据、能力和业务认知协同,提升整个供应链生态圈资源和能力的按需共享、在线智能交易和自学习优化等能力。生态共建围绕用户需求打造跨领域、跨行业的商贸服务等关键数字化生态场景，实现以用户体验为中心的智能供应链生态圈服务新业态。

5.3.6 整合营销

整合营销是企业内部各个关键环节中以数据为最重要的信息载体，以产品市场占有率提升为最终目标，进行的一系列以用户为核心的任务执行过程。过程需要整合营销展厅、市场调研、线上传播、新媒体运营、视频或直播、品牌宣传等一系列数据作为基础，使得各个业务活动能够连续、快速响应，充分发挥数据分析在营销活动中的作用，实现营销技术的短时高效、快速提升。

5.3.7 售后

5.3.7.1 场景主线1：传统售后智能化

传统售后智能化是依托数字化技术，应用智能化工具，打通在线化流程，构建以客户为中心的智能售后服务体系，以解决售后信息不对称、售后服务流程冗长、售后服务效率低下等阻碍传统售后服务发展的瓶颈问题，实现传统售后服务的智能升级。

5.3.7.2 场景主线2：新兴售后网联化

新兴售后网联化是依托智能网联技术，以数据在线交互为前提和基础，变革售后服务模式，从服务用户端和服务管理端赋能售后服务以新内涵，促进售后服务的精准化，提供动态差异化的售后服务，实现售后服务的网联化。

5.3.8 出行

5.3.8.1 场景主线1：出行服务平台

出行服务平台是企业应用新型信息通信技术，打通用户、业务、产业生态数据，通过智能算法实现在调度、定价、运维等方面的智能决策，集成用户出行一体化解决方案，推动构建人、车、路、云协同生态的综合性服务平台。

5.3.8.2 场景主线2：出行服务业务

出行服务业务是车企基于人类生存环境和能源的可持续性发展布局，与移动互联网出行平台和新技术平台共同促进出行服务的转型，配合智慧城市布局智慧交通网络形成的商业模式。

5.4 系统性解决方案

系统性解决方案建立涵盖数据、技术、流程和组织四要素的协调联动和互动创新核心方法和机制，支撑能力打造和业务集成融合。本书重点绘制各要素在 2025 年、2030 年、2035 年系统性解决方案在不同阶段的目标。

5.4.1 要素1：数据

数据要素主要涉及将数据作为核心资产进行管理，挖掘数据要素价值和创新驱动潜能，包括数据采集、数据集成与共享、数据开发利用等。

2025 年，以知识驱动为主，围绕主营业务领域内的主要业务流程，实现数据自动采集、互联互通、集成管理，实现产品、物料、人员等主数据的标准化，实现数据流的设计和开发。

2030 年，以数据驱动为主，基于数据交换平台，面向平台相关组织，实现全业务领域、全生命周期、全价值链等数据的在线自动获取及组织间多源异构数据的在线交换和集成共享，实现支持数据平台化共享的组织数据架构开发。

2035年，以智能驱动为主，共建社会化数据共享平台，基于生态合作伙伴间泛在连接，实现内部数据、产业链数据、生态合作伙伴关键数据等多源异构数据的按需共享，围绕生态共建需求，实现数据架构开发。

5.4.2 要素2：技术

技术主要涉及新型能力建设所需的各项技术部署及技术要素的集成、融合、创新等，包括设备设施、软硬件、网络及平台等。

2025年，围绕主营业务领域内业务流程全程贯通和重构的要求，对IT软硬件基础设施进行统一规划、综合集成和优化利用，通过流程级数字化和传感网级网络化，实现主要设备设施的互联互通、集中管理，实现经营管理与作业现场相关应用系统的集成互联。

2030年，实现设备设施上云上平台，建立平台型组织系统架构，支持主要设备设施、业务活动等的平台化协同优化，实现基础资源和能力的模块化、平台化部署，实现平台相关方资源、能力的动态调用和配置。

2035年，与生态合作伙伴共建智能云平台，设备设施高度智能化，实现与生态合作伙伴之间设备设施的认知协同、互动优化、智能决策和按需共享，与合作伙伴共同实现生态基础资源和能力的平台化部署、开放协作和按需利用。

5.4.3 要素3：流程

流程要素主要涉及新型能力建设相关业务流程的优化设计及数字化管控等，即包括业务流程设计、业务流程管控两部分。

2025年，围绕主营业务领域内业务流程贯通和重构，完成跨部门、跨层级业务流程优化设计，沉淀并实施相应的流程文件，应用数字化技术手段实现跨部门、跨层级主要业务流程的运行状态动态跟踪和过程管控。

2030年，围绕组织的平台化运行完成端到端的业务流程体系设计，制定和实施覆盖平台化协同业务流程的数据流程文件，实现数据驱动的端到端业务流程的状态在线跟踪、过程管控和动态优化。

2035年，围绕生态级能力建设需求，开展生态合作伙伴间的业务流程协同设计和优化，制定和实施覆盖生态共建、共创、共享的智能流程文件，实现智能驱动的生态合作伙伴业务流程的在线智能跟踪、认知协同和自学习优化。

5.4.4 要素4：组织

组织要素主要涉及新型能力建设运行的相关职能职责调整、人员角色变动以及岗位匹配优化等内容。

2025年，基于主营业务领域内跨部门、跨层级的业务流程设计，匹配调整相关部门和岗位的职责，根据领域级能力对应的职能职责和岗位胜任要求，开展员工胜任力分析，配置具有胜任力的人员。

2030年，基于平台端到端的业务流程，优化相关部门和岗位的职责，根据平台级能力对应平台型组织的职能职责和岗位胜任要求，基于数据分析和挖掘，精准开展员工岗位胜任力分析，持续优化岗位人员按需动态配置。

2035年，基于生态共享共建需求，按需、协同、智能调整生态圈业务流程职责，并匹配调整组织内部门和岗位等职责，根据生态级能力对应生态组织的职能职责调整和岗位胜任要求，实现职能职责调整需求和员工胜任力的认知分析，以及岗位人员智能配置和自学习优化。

5.5 治理体系

治理体系建立涵盖数字化治理、组织机制、管理方式、组织文化4要素协同联动的运营管理机制，为新兴能力打造和业务集成融合提供管理支撑与保障，本书重点绘制各要素在2025年、2030年、2035年不同阶段的发展目标。

5.5.1 要素1：数字化治理

数字化治理技术路线的关键在于数字化治理制度、数字化领导力、数字化人才、数字化财务、数字化安全和平台治理6个方面。

2025年，建立知识驱动型数字化治理制度，制定数字化转型规划，由决策层领导担任数字化转型的主管领导，主动推动数字化转型工作，并设立数字化岗位和职位序列，开展数字化人才绩效考核，同时加强对财务成本、预算、风险的数字化管理，应用自主安全可控的系统级关键技术或产品建立信息安全责任制，对基础设施进行统一规划、综合集成和优化利用。

2030年，将数字化转型上升为企业的核心战略，应用架构核心方法构建平台组织的治理体系，由一把手直接负责企业的数字化转型工作，同时建设数字化人才队伍，形成数字化人才选拔、任用、考核、薪酬和晋升激励机制；运用云计算、大数据等技术来重构财务组合和再造业务流程，对财务成本、预算、资金、风险进行智能化管理；建立可量化的安全防护措施和制度体系，实现主动防御、车企基础设施上云，建立多云架构治理体系。

2035年，制定以原始创新、共生进化生态系统为目标的数字化转型战略规划，共建生态级数字化治理的协调机制，由汽车行业各生态合作伙伴一把手形成协同领导机制，推动共建、共创、共享产业合作生态圈，制定并实施汽车行业上下游企业生态圈数字化人才队伍建设规划，实现人才按需流动，与生态合作伙伴共同对财务成本、预算、资金、风险等进行智能化管理与协作，构建覆盖汽车生态合作伙伴的生态级安全防护措施和制度体系，进行态势感知、攻防对抗和认知决策，与汽车生态合作伙伴共建组件化、可配置、开放灵活的智能化多云架构治理体系。

5.5.2 要素2：组织机制

组织机制技术路线围绕组织结构和职能职责展开，建立与新型能力建设、运行和优化相匹配的职责和职权架构，不断提高针对用户日益动态、个性化需求的响应速度和柔性服务能力。

2025年，建立与车型研发、生产、销售、服务等主营业务集成融合相适应的汽车产业专项知识驱动型组织，建立流程化的组织结构，设置以专责部门为核心的跨部门组织协调机制，建立覆盖全员的职能职责分工体系，协同推进业务集成融合。

2030年，建立研发、生产、销售、服务全流程数据驱动的平台型组织结构，建立数据驱动、平台驱动的组织结构优化机制，建立覆盖全过程和全员的职能职责分工体系，并实现全员沟通数字化，实现全流程信息互通，平台共享，完成职能职责的规范化和效果可量化。

2035年，建立智能驱动的自动化营销、智能化生产、智能化服务等生态型组织结构，建立流程化、网络化、生态化的柔性组织结构，并建立数据驱动的组织结构动态优化机制，提升组织结构与新型能力之间的适宜性和匹配度，实现覆盖全过程和全员的数据驱动型职能职责动态分工体系，以及相互之间的动态沟通协调机制，提升新型能力建设活动的协调性和一致性。

5.5.3 要素3：管理方式

管理方式技术路线从管理方式创新和员工工作模式变革两方面展开，

通过建立与新型能力建设、运行和优化相匹配的组织管理方式和工作模式，推动员工自组织、自学习、主动完成创造性工作，支持员工自我价值实现，与组织共同成长。

2025年，推动职能驱动的科层制管理向流程驱动的矩阵式管理转变，为员工提供信息化学习工具进行数字化知识学习，通过网络化进行一站式服务和协同，帮助员工提高学习效率、提升数字化技能。

2030年，推动管理方式向数据驱动的网络型管理转变，构建数字孪生企业，以数据作为洞察业务经营情况的基础，建立智能辅助管理决策的创新型管理企业，支持员工通过数字化平台进行自主学习协同工作、落实工作，提升工作和学习效率。

2035年，建立智能驱动的价值生态共生管理模式，实现场景全覆盖、业务全在线、风险全管控、核算自动化、结算集约化和分析智能化，支持员工基于移动化、社交化、知识化的数字化平台履行职能职责，以及以价值创造结果和贡献为导向，激励员工开展自我管理、自主学习和价值实现。

5.5.4　要素4：组织文化

组织文化技术路线从价值观和行为准则两个方面展开，建立与新型能力建设、运行和优化相匹配的组织文化，把数字化转型战略愿景转变为组织全员主动创新的行为准则。

2025 年，建立企业文化价值观，并通过信息（数字）技术开展宣传，把企业价值观作为重点行动的指引，通过制定相应的规章制度引导、监督、考核员工的行为。

2030 年，围绕数字化战略确立公司价值观，积极应对新一代信息技术引发的变革，基于企业价值观深化行为准则细节的规范化。

2035 年，构建开放包容、创新引领、主动求变、务求实效的价值观，选择符合企业价值观的合作战略伙伴，以协同的价值观作为各方合作的行为导向，推动共建、共创、共享产业合作生态圈。

第6章
汽车企业数字化转型子领域总路线图及细分板块路线图

6.1 产品领域数字化转型路线图

产品领域数字化转型路线图围绕产品形态数字化、产品数字化工具链、产品数字化开发流程3个场景主线展开，涉及自动驾驶等级覆盖率、蜂窝车联网（C-V2X）搭载率、车辆与外界的信息交换（V2X）通信维度、数据库体量、异构数据库维度、模型及定量指标覆盖率、数字化工具数量、数字化工具覆盖率、协作部门数量等核心要素。本节重点绘制产品领域各场景主线和核心要素在2025年、2030年、2035年三个不同阶段的发展目标，如表6.1所示。

表6.1 产品领域数字化转型路线图

产品领域路线图		2025年	2030年	2035年
整体目标		产品数字化成熟度达2级及以上的汽车企业超过50%；达3级及以上的汽车央企超过20%	产品数字化成熟度达2级及以上的汽车企业实现100%；达3级及以上的汽车央企超过50%	产品数字化成熟度达3级的汽车企业达到100%；达4级及以上的汽车央企超过50%
产品形态数字化	自动驾驶等级覆盖率	L2：50% L3：20%	L2：70% L3：50%	L2：100% L3：70% L4：10%

续表

产品领域路线图		2025年	2030年	2035年
产品形态数字化	C-V2X搭载率	30%	50%	80%以上
	V2X通信维度	接入移动互联网	车与车实现无感通信	车与交通基建设施实现通信，如交通标识牌识别、充电设施识别等
产品数字化工具链	数据库体量	500万~1000万条数据	2000万条数据以上	5000万条数据以上
	异构数据库维度	2~3个维度	3~4个维度	5个维度以上
	模型及定量指标覆盖率	30%以上	40%以上	60%以上
产品数字化开发流程	数字化工具数量	5~10种	10~15种	20种以上
	数字化工具覆盖率	20%以下	30%	50%
	协作部门数量	2~3个部门	4~5个部门	5个部门以上

6.1.1 场景主线1：产品形态数字化

产品形态数字化技术路径可通过自动驾驶等级覆盖率、C-V2X搭载率、V2X通信维度3个量化指标进行描述。

自动驾驶等级覆盖率。自动驾驶作为智能汽车时代产品的标志性功能，象征着产品在架构、控制系统、数据流等领域的全面革新，其间产生的多样化数据支撑各环节转型发展。根据车辆的自动化程度，自动驾驶技术划分为6个等级，分别为L0级、L1级、L2级、L3级、L4级和L5级。本书将以自动驾驶等级占比评价产品形态的成熟度情况。

C-V2X搭载率。V2X技术是指车辆与其他交通参与者进行通信的技术，包括车—人、车—路、车—灯等多个环节，V2X技术可以真正形成以产品为核心的数字化生态，实现数据、工具和算法的多维融合，推进产品架构的升级转型。本书将以V2X技术在新产品上的覆盖率评价产品形态的成熟度情况。

V2X通信维度。V2X通信维度具体是指V2X技术能够实现的通信层级，基础的V2X通常指接入移动互联网，与其他接入互联网的设备进行远程通信，深层次的V2X技术则通常指无感、持续的通信，实现远程感知、智能识别等功能。V2X的接入维度是高维自动驾驶的前提条件之一，也是智能交通生态的重要组成部分。本书将以V2X通信维度评价产品形态的成熟度情况。

围绕上述3类量化指标，给出产品形态数字化在2025年、2030年、2035年的阶段性发展目标。

2025年，通过"软件定义汽车"，逐步实现汽车数字化、智能化、网联化升级：L2~L3级自动驾驶新车销量占比超过50%；C-V2X终端新车装配率达50%；V2X维度为接入移动互联网，实现互联网内设备通信。

2030年，产业生态由"链式关系"向多领域、多主体共同参与的"网状生态"转变，同步推动传统产业升级和新兴产业发展：L2级自动驾驶功能的新车销量占比超过70%，L3级及以上占比超过50%；C-V2X终端新车装配率达50%；V2X维度为车与车之间实现无感通信。

2035年，全面形成"网状生态"，并通过实现"上天"和"入地"打通产业链条各环节之间的壁垒：L2级自动驾驶占比达到100%，L4级及以上自动驾驶占比超过10%；C-V2X终端在新车上基本普及，装配率达到80%；V2X维度为实现车与交通基建设施实现通信，如交通标识牌识别、充电设施识别等。

6.1.2　场景主线2：产品数字化工具链

产品数字化工具链技术路径可通过相关数据库体量、异构数据库维度、模型与定量指标覆盖率3个量化指标进行描述。

数据库体量。数据库是产品数字化工具应用的基础，与其他板块不同，产品规划数据涉及竞品对标、用户分析、座舱定位设计等多个环节，产生的数据库相对庞大。在实际业务工作中，通常需要对产品特征数据、消费者行为数据、产品感知数据库和场景环境数据等多类数据库进行深度挖掘，形成多维度的数据。本书将以数据库体量评价产品工具链的成熟度情况。

异构数据库维度。产品领域涉及的异构数据库维度较多，包括图片数据、文字数据、主观评价数据等。通过搭建数据平台，可实现产品领域全业务领域、全生命周期、全价值链等数据在线自动获取，具体包括产业链上游零部件数据及车辆相关数据、下游产品及服务数据、第三方数据等类型的数据采集。本书将以异构数据库维度评价产品工具链的成熟度情况。

模型与定量指标覆盖率。为更好地结合产品市场需求数据，构建多维数据体系及相关算法模型，支撑产品业务决策，实现基于模型驱动的产品研究，需要企业制定有效的定量评价指标，实现多个业务的数字化评价与拓展。本书将以模型与定量指标覆盖率评价产品工具链的成熟度情况。

围绕上述3类量化指标，给出产品数字化工具链在2025年、2030年、2035年的阶段性发展目标。

2025年，利用先进数据采集核心方法，构建覆盖产品全生命周期的产品特征数据体系和用户数据体系：数据库体量在500万~1000万条数据；异构数据库维度为2~3个维度；模型与定量指标覆盖率为30%以上。

2030年，建立底层智能算法逻辑，挖掘数据价值，形成数据驱动型高效战略决策和运营管理能力，支撑企业各项决策制定：数据库体量在2000万条数据以上；异构数据库维度为3~4个维度；模型与定量指标覆盖率为40%以上。

2035年，具备智能云端平台开发协作模式，开展闭环流程校核和远程协作验证，形成完整的产品功能定义数字化平台工具链，为企业提供策略支持：数据库体量在5000万条数据以上；异构数据库维度为5个维度；模型与定量指标覆盖率为60%以上。

6.1.3　场景主线3：产品数字化开发流程

产品数字化开发流程的技术路径可通过数字化工具数量、数字化工具覆盖率、协作部门数量3个量化指标进行描述。

数字化工具数量。建立用于产品定义战略决策的有效工具链体系，开发产品数字化管理工具，结合多维度数据融合的有效算法体系，构建覆盖汽车产品全生命周期管理的产品开发管理流程。本书将以数字化工具数量评价产品数字化开发流程情况。

数字化工具覆盖率。应用数字化工具作为未来企业数字化改革的重要方向，旨在摒除经验主义，减少低效流程，提升整体工作效率，实现产品全生命周期智能管理。本书将以数字化工具覆盖率评价产品数字化开发流程情况。

协作部门数量。产品领域涉及部门协同的工作包含产品规划和产品数字化工具流转情况评价。一方面，产品规划需要研发、生产、营销等多个部门开展协同合作，通过整合研产供销服各价值链环节数据，定义产品的形态、工艺等多个方面内容；另一方面，产品数字化工具流转情况评价，需要各部门加强协同，提升数字化工具流转率。本书将以协作部门数量评价产品数字化开发流程情况。

围绕上述 3 类量化指标，给出产品数字化开发流程在 2025 年、2030 年、2035 年的阶段性发展目标。

2025 年，用户参与产品规划，智能车载系统成为基础配置，打造云端生态服务与用户建立多触点，不断收集用户数据反馈优化产品规划过程：数字化工具数量为 5~10 个；数字化工具覆盖率为 20% 以下；数字化工具可实现 2~3 个部门的协作。

2030 年，云端生态与汽车软硬件深度融合，软件开发成本较 2020 年增长 83%，研发、生产、营销数据全面打通：数字化工具数量为 10~15 个；数字化工具覆盖率为 30% 左右；数字化工具可实现 4~5 个部门的协作。

2035 年，50% 以上的新车通过 C2B 产品研发定义协同管理平台进行新车功能定义、设计开发、汽车验证和销售的流程：数字化工具数量为 20 个以上；数字化工具覆盖率为 50% 以上；数字化工具可实现 5 个以上部门的协作。

6.2 研发设计领域数字化转型路线图

研发设计领域数字化转型路线图围绕协同研发、虚拟研发测试、敏捷迭代 3 个场景主线展开，包含数据应用、管理协同、技术应用、仿真分析、软件开发、产品优化等关键要素。本节重点绘制研发设计领域各场景主线和核心要素在2025年、2030年、2035年三个不同阶段的发展目标，如表6.2所示。

表6.2 研发设计领域数字化转型路线图

研发设计领域路线图		2025年	2030年	2035年
整体目标		缩短研发周期，降低研发成本	加快产品创新，降低BOM和制造成本	实现产品迭代的自动化、高效化
协同研发	数据应用	客户数据驱动研发设计，客户体验优先纳入阀点评审	将客户需求反馈的数据实时反馈到研发环节，通过分析数据评估问题并提出解决方案	利用现有数据预测市场需求变化趋势，实现面向未来的产品研发设计
	管理协同	研发上云，PLM/ALM协同开发平台、PDM系统实现广泛应用	研发与企业的产、供、销、服价值链全面贯通	
虚拟研发测试	技术应用	引入CAE、云计算、大数据、人工智能等可直接使用的技术，其中新技术引入并成功应用率达到汽车技术的5%	引入智能决策、增强现实、多云自动化、自主机器人等支撑业务变革的技术，其中新技术引入并成功应用率达到汽车技术的8%~10%	引入超级自动化、生成式AI等高度自动化的人工智能技术，实现技术与业务的高度融合
	仿真分析	应用仿真技术，并逐步开启云仿真应用，其中CAD、CAE、CAM技术总体渗透率达到80%，常规成熟业务渗透率达到95%，对应的研发效率提升达到20%	通过数字样车与数字工厂孪生匹配实现工艺流程的仿真分析，其中纵向CAD、CAE、CAM一体化平台式工作流搭建完成，横向多场CAE仿真达到"2+"个汽车领域联合仿真	人工智能全面赋能仿真分析，实现自动化生产研发新场景

111

续表

研发设计领域路线图		2025年	2030年	2035年
敏捷迭代	软件开发	在软件领域引入敏捷开发工具，实现固定频率的产品更新，其中非重要安全领域瀑布加敏捷式软件开发工作流比例达到30%，软件平台兼容性增强20%~30%	软硬件研发全面敏捷化，形成类DevOps的一体化开发，实现产品快速主动迭代	
	产品优化	依托智能驾驶和智能网联计算平台，搭建车云通信平台，推动汽车成为移动终端	依托SOA架构提升汽车能力拓展性，汽车成为硬件、软件和服务的综合体	人工智能从单项能力变为融入汽车的整体能力，汽车从而具备自主决策能力

6.2.1 场景主线1：协同研发

协同研发技术路径可通过数据应用、管理协同两个关键要素进行描述。

2025年，在数据应用方面，客户数据驱动研发设计，客户反馈逐渐作用研发决策，客户体验优先纳入阀点评审。在管理协同方面，实现研发上云，各类研发工作全面基于PLM/ALM协同开发平台开展和管理。

2030年，在数据应用方面，将客户需求反馈的数据实时反馈到研发环节，通过对反馈数据或信息进行及时评估，提出对应的解决方案。在管理协同方面，研发与企业的产、供、销、服价值链全面贯通。例如，打通供应链，在设计工作中即时进行零部件评估，保证零部件的匹配度，实时控制BOM成本。

2035年，在数据应用方面，通过对已有数据进行分析，预测市场需求变化趋势，实现面向未来的产品研发设计。在管理协同方面，研发与企业的产、供、销、服价值链全面贯通。例如，打通供应链，在设计工作中即时进行零部件评估，保证零部件的匹配度，实时控制 BOM 成本。

6.2.2 场景主线 2：虚拟仿真

虚拟仿真技术路径可通过技术应用、仿真分析两个关键要素进行描述。

2025 年，在技术应用方面，引入可直接使用的技术，如云计算、大数据、人工智能、数字孪生、区块链等。其中，新技术引入并成功应用率应达到汽车技术的 5%。在仿真分析方面，研发各环节业务领域全面应用仿真技术，并逐步开启云仿真的各类应用，缩短研发验证测试周期。其中，CAD、CAE、CAM 技术总体渗透率达到 80%，常规成熟业务渗透率达到 95%，对应的研发效率提升达到 20%。

2030 年，在技术应用方面，引入能够驱动业务变革的支撑技术：智能决策、增强现实、多云自动化、自主机器人等。其中，新技术引入并成功应用率应达到汽车技术的 8%~10%。在仿真分析方面，数字样车与数字工厂孪生匹配，实现工艺流程的仿真分析，降低样车试制和预批量的时间和成本。其中，纵向角度 CAD、CAE、CAM 一体化平台式工作流初步搭建完成，横向多场 CAE 仿真可达到"2+"个汽车领域联合仿真。

2035 年，在技术应用方面，引入高度自动化的人工智能技术：超级自动化、生成式 AI 等，实现技术与业务的高度融合。在仿真分析方面，人工智能全面赋能仿真分析，实现自动化生产研发新场景。

6.2.3 场景主线 3：敏捷迭代

敏捷迭代路径可通过软件开发、产品优化两个关键要素进行描述。

2025 年，在软件开发方面，应对软件定义汽车，在软件领域引入敏捷开发工具，实现固定频率的产品更新，并快速解决反馈问题。在保证安全性的前提下，实现娱乐域等非重要安全领域的瀑布加敏捷式软件开发工作流比例达到 30%，软件平台兼容性增强 20%~30%。在产品优化方面，依托智能驾驶和智能网联计算平台，搭建车云通信平台，推动汽车成为移动智能终端。

2030 年，在软件开发方面，应对软件定义汽车，在软件领域引入敏捷开发工具，实现固定频率的产品更新，并快速解决反馈问题。在保证安全性的前提下，实现娱乐域等非重要安全领域的瀑布加敏捷式软件开发工作流比例达到 30%，软件平台兼容性增强 20%~30%。在产品优化方面，依托 SOA 架构形成汽车能力的拓展性，使汽车成为硬件、软件和服务的综合体。

2035 年，在软件开发方面，软硬件研发全面敏捷化，需求、设计、验证、测试等环节高效整合，形成类 DevOps 的一体化开发，实现产品快速主动迭代。在产品优化方面，人工智能从单项能力变为融入汽车的整体能力，汽车从而具备自主决策能力。

6.3 生产制造领域数字化转型路线图

生产制造领域数字化转型路线图围绕大规模个性化定制生产、数字孪生工厂建设两个场景主线展开，包含用户需求挖掘、柔性生产、虚拟技术应用等关键要素。本节重点绘制生产制造领域各场景主线和核心要素在 2025 年、2030 年、2035 年三个不同阶段的发展目标，如表 6.3 所示。

表6.3 生产制造领域数字化转型路线图

生产制造领域路线图		2025年	2030年	2035年
整体目标		人的状态或行为数据的在线实时采集，以及主要产品、设备、工艺、业务等系统级数字化建模	开展平台级大数据分析与数据互联互通，通过构建数据模型，实现智能化辅助决策	在实现生产状态数据的数字化和智能化，针对关键工序、关键岗位，实现远程管理、预警及协同
大规模个性化定制生产	用户需求挖掘	利用数字技术捕获客户需求，并建立起客户需求与产品技术特性的映射，为产品模块化拆分设计提供基础	实现基于用户交互的需求捕获，获取车主信息，实现对整车质量及后续服务的把控，更好地满足消费者需求。快速核算成本，制定制造策略	应用数字孪生技术，实现用户全生命周期数据在虚拟世界的映射，通过不断挖掘数据价值，了解用户个性化需求，推动衍生各类个性化服务

续表

生产制造领域路线图		2025年	2030年	2035年
大规模个性化定制生产	柔性生产	应用新技术实现生产流程透明化与OTD时间进程动态展示和订单与排产的双向链接，并搭建柔性可重构产线，实现产线适应变化的快速调整	应用产品工艺优化核心方法及计划排产技术，实现装配线、关键零件加工过程的协同优化	全面建设智能柔性生产系统，构建工业大数据库，实现对整车全生命周期工业大数据的挖掘利用和对整车大规模个性化定制过程的智能优化
数字孪生工厂建设	虚拟技术应用	在交互层应用3D模型、数据图表、VR等直观展现物理对象状态，实时展示工厂资源和设施设备状态	应用数字孪生技术实现对物理实体状态的监控、诊断、分析预测、干预和优化预演	构建数字孪生工厂，对整个生产过程进行仿真、评估和优化，并进一步扩展到整个产品生命周期

6.3.1 场景主线1：大规模个性化定制生产

大规模个性化生产技术路线主要围绕用户需求挖掘、柔性生产两个关键要素展开。

2025年，在用户需求挖掘方面，充分利用数字技术广泛捕获分布的、多层次的、多维度的、显隐式的、动态性的客户需求，并建立起客户需求与产品技术特性的映射，为产品模块化拆分设计提供基础。在柔性生产方面，参考数字技术结合供应链能力、零部件库存等信息，应用模块化、成组和产线重构等技术，实现生产流程透明化与OTD时间进程动态展示，完成订单与排产的双向链接，并搭建柔性可重构产线，实现产线适应订单、工况等变化的快速调整。

2030年，在用户需求挖掘方面，实现基于用户交互的需求捕获，通过车内的智能互联应用获取车主的使用行为数据和反馈信息,进而实现对整车质量及后续服务的把控,更好地满足消费者需求。同时,完善快速定价能力,快速核算成本,在满足用户需求的同时制定更为合理可行的制造策略。在柔性生产方面,针对产品的模块化设计与个性化定制对生产系统快速、灵活、柔性响应等需求,应用不同模块化组合下的产品工艺优化核心方法,以及集成产品工艺优化与柔性装配约束的计划排产技术,实现在大规模个性化定制模式下整车装配线与各分系统/部件装配线、关键零件加工过程的协同优化。

2035年,在用户需求挖掘方面,应用数字孪生技术,实现现实生活中有关用户全生命周期各项数据在虚拟世界的映射,通过不断挖掘数据价值,了解用户个性化需求,推动衍生各类个性化服务。在柔性生产方面,全面建设具备自优化能力智能柔性生产系统,构建以用户需求数据、产品设计数据、制造过程质量数据、制造过程设备数据、车联网数据等为核心的工业大数据库,运用数据挖掘、知识发现、知识图谱等技术实现对整车全生命周期工业大数据的挖掘利用,实现对整车大规模个性化定制过程的产品设计优化、生产运营优化及设备运行优化等多目标、多环节的智能优化。

6.3.2 场景主线2:数字孪生工厂建设

数字孪生工厂建设技术路线主要围绕虚拟技术应用、数据模型分析关键要素展开。

2025 年，在虚拟技术应用方面，在交互层借助 3D 模型、数据图表、VR 等直观展现实际物理对象的状态，进行虚拟装配等模型操作，准确、真实、形象地展现工厂资源和设施设备状态的变化。对车间产线、生产设备等进行三维建模，实现物理产线到三维产线的数字化、监控可视化的转变，实现设施设备虚拟化；实时采集设备运行的状态，统一汇总到可视化平台，并通过动画仿真模块中模型状态的实时更新，使模拟数据同真实设备状态保持一致，实现生产监控一体化；在大屏展示的基础上，增加车间设备的三维可视化效果，实时掌握车间设备的动态，实现生产过程透明化。

2030 年，在虚拟技术应用方面，在机理层应用数字孪生技术，实现对物理实体状态的监控、诊断、分析预测、干预和优化预演。运用多维度孪生数据集成技术，在企业的生产管理每个环节构建数字孪生体，获取生产现场实时数据，利用集成平台进行数据转发、处理、存储等，对设备、产线、工厂等进行 3D 建模，对生产过程中的实时变化做出响应。

2035 年，在虚拟技术应用方面，构建数字孪生工厂，对整个生产过程进行仿真、评估和优化，并进一步扩展到整个产品的生命周期，推动生产组织方式变革，实现对工厂设备的远程监控，实时了解数字化车间的生产状况，在线获取工厂设备的运行数据，并通过交互技术实现远程操作维护、设备管理，或对现场人员进行远程维护指导和培训。于虚拟空间开展面向智能工厂的多维虚拟模型集成与融合应用，实现基于孪生数据完成闭环智能控制，此时的数字孪生工厂无需人工全程值守，系统可以通过自动监管分析，给出分析结果和改善建议。例如，在智能监管方面，实现可视化智能监管、智能预警、智能调度；在智能分析方面，基于实际运行逻辑关系，利用大数据技术，分析诊断效率指标、成本结构、排程计划要素，实现精准定位效率瓶颈，及时找出剩余效能；在智能决策方面，利用人工智能技术实现发展预测与模拟，智能预警可能出现的问题，并提出最佳的改善建议。能够根据智能分析，在出现问题时给出最佳决策建议。

6.4 试验测试领域数字化转型路线图

试验测试领域数字化转型路线图围绕智慧检测、检测数据增值服务两个场景主线展开，包含检测流程数字化、决策智能化、检测设备互联互通、检测数据等核心要素。本节重点绘制试验测试领域各场景主线和核心要素在2025年、2030年、2035年三个不同阶段的发展目标，如表6.4所示。

表6.4 试验测试领域数字化转型路线图

试验测试领域路线图		2025年	2030年	2035年
整体目标		优化业务流程，搭建数据平台	整合数据，创建数据模型与检测业务间动态关系	实现以共享检测数据为基础的智能化检测业务新模式
智慧检测	检测流程数字化	试验检测领域内业务流程的贯通和重构	支撑平台级能力打造和业务模式创新。实施覆盖平台化协同检测业务流程的数据流程文件，基于数据模型建立端到端检测业务流程的动态连接关系	支撑生态级新型能力打造和数字业务培育壮大。制定和实施覆盖生态共建、共创、共享的智能流程文件，数字化技术助力检测全流程效率提升80%以上
	决策智能化	构建智能决策驾驶舱，实现设备监控、试验状态监控及检测数据可视化管理	以数据驱动为主，实现面向决策试验设备监控与试验数据辅助分析决策，实现对60%以上检测数据的价值挖掘	基于数据挖掘、人工智能建立生态合作伙伴检测业务流程之间的认知协同关系，实现90%以上检测大数据信息分析与挖掘，使分析结果有效服务于智能决策支撑
检测数据增值服务	检测设备互联互通	经营管理与试验现场之间实现数据互联互通、资源动态匹配、业务协同优化等	在主营业务全面在线化运行的基础上，与设备合作伙伴实现网络化协同、服务化延伸、个性化定制等业务模式创新	在生态圈数据智能获取、开发和按需利用的基础上，与生态伙伴共同培育形成智能驱动型的检测数字业务新体系，共建、共创、共享价值生态
	检测数据	试验数据的自动采集，实现试验数据的互联互通和集中管理率达75%	海量数据采集，建立关键业务数据接口，实现各种类型数据标准化、规范化	完善企业间数据共享机制和互联互通规范标准，实现企业间90%以上多源异构检测数据的在线交换和集成共享

6.4.1 场景主线 1：智慧检测

智慧检测服务技术路径可通过检测流程数字化和决策智能化两个要素进行描述。

2025 年，在检测流程数字化方面，试验检测领域内业务流程贯通和重构，实现人机料法环全流程的 100% 数字化覆盖，完成跨部门、跨层级业务流程优化设计。在决策智能化方面，构建智能决策驾驶舱，实现设备监控、试验状态监控及检测数据可视化管理。

2030 年，在检测流程数字化方面，支撑平台级能力打造和业务模式创新。实施覆盖平台化协同检测业务流程的数据流程文件，基于数据模型建立端到端检测业务流程的动态连接关系。在决策智能化方面，以数据驱动为主，实现面向决策试验设备监控与试验数据辅助分析决策，实现对 60% 以上检测数据的价值挖掘。

2035 年，在检测流程数字化方面，支撑生态级新型能力打造和数字业务培育壮大。制定和实施覆盖生态共建、共创、共享的智能流程文件，数字化技术助力检测全流程效率提升 80% 以上。在决策智能化方面，基于数据挖掘、人工智能建立生态合作伙伴检测业务流程之间的认知协同关系，实现 90% 以上检测大数据信息分析与挖掘，使分析结果有效服务于智能决策支撑。

6.4.2　场景主线 2：检测数据增值服务

检测数据增值服务技术路径可通过检测设备互联互通和检测数据两个要素进行描述。

2025 年，在检测设备互联互通方面，在经营管理与试验现场之间实现数据互联互通、资源动态匹配、业务协同优化等。在检测数据方面，试验数据的自动采集，实现试验数据的互联互通和集中管理率应达到 75%。

2030 年，在检测设备互联互通方面，主营业务全面在线化运行的基础上，与设备合作伙伴实现网络化协同、服务化延伸、个性化定制等业务模式创新。在检测数据方面，通过海量数据的采集，建立关键业务数据接口，实现各种类型数据标准化、规范化。

2035 年，在检测设备互联互通方面，与生态伙伴共同培育形成智能驱动型的检测数字业务新体系，共建共创共享价值生态。在检测数据方面，通过企业间数据共享机制和互联互通规范标准，实现企业间 90% 以上多源异构检测数据的在线交换和集成共享。

6.5　供应链领域数字化转型路线图

供应链领域数字化转型路线图围绕供应链协同、生态共建两个场景主线展开，包含精准协作、动态调整、资源共享、智能交易等核心要素。本节重点绘制供应链领域各场景主线和核心要素在 2025 年、2030 年、2035 年三个不同阶段的发展目标，如表 6.5 所示。

6.5.1　场景主线 1：供应链协同

供应链协同技术路线的关键要素在于供应链的精准协作能力和动态调整能力。

精准协作能力是指供应链信息在全链条的传递效率及需求响应速度，通过供应链链条的数据采集及互联互通实现信息的快速传递和需求的快速响应。

动态调整能力是指供应链的柔性化能力，即供应链面临的外界环境，以及客户需求的变动及时反应并做出快速适应调整的能力，供应链的动态

表6.5 供应链领域数字化转型路线图

供应链领域路线图		2025年	2030年	2035年
整体目标		智慧供应链协同初期和智慧汽车生态圈初期；关键业务场景数字化协同供应链；跨行业、跨领域的关键数字化生态场景	智慧供应链协同中期和智慧汽车生态圈中期；全链条全数字化协同的柔性化供应链；多领域数字化生态场景和汽车产业平台	智慧供应链协同终期和智慧汽车生态圈终期；全链条、全场景网络协同的智能化个性化定制的F2C模式供应链；全场景的智慧汽车生态圈
供应链协同	精准协作（敏捷化）	实现关键业务场景数据采集、快速传递和响应，使得信息采集成本达到20%以上，订单交付周期为3周~1个月	支持供应链全业务流程的状态、过程及结果数据采集，并可快速响应及执行供应链上下游合作伙伴的多样化需求，使得信息采集成本达到60%以上，订单交付周期为1~2周	支持供应链全链条全业务流程、多级用户、设备、网络数据的智能感知和智能采集，扁平化管理实现流程的优化和创新，在线敏捷响应和自学习执行个性化、全维度、全周期的全链条供应链合作需求，使得信息采集成本达到90%以上，订单交付周期为1周以内
	动态调整（柔性化）	可基于数据分析建立供应商评价机制、需求预测预警等指导后续业务，系统预测准确率达到50%	基于数据平台和数据模型，建立供应链风险预警和预测模型，供应链柔性化能力、系统预测准确率达到70%	基于电商平台、供应链平台和大数据决策模型，支持供应链业务流程的在线需求限跟踪、协同和自学习响应等个性化定制流程的智能决策能力，需求预测等系统预测准确率达到90%
生态共建	资源共享（共享性）	在数字化生态场景内，实现汽车生态合作伙伴之间信息、生态资源等等共享。生态数据共享比例达到30%；设施设备上云平台率达到20%；数字化生态系统集成率达到10%以上	打造统一的汽车产业链生态场景，实现多领域数字生态合作伙伴之间信息、能力等资源的共享。生态数据共享比例达到50%；设施设备上云平台率达到50%；数字化生态系统集成率达到20%以上	基于大数据、物联网、新基建等先进技术，实现以用户为中心的用户全场景行为数据采集和共享。生态数据共享比例达到70%；设施设备上云平台率达到80%以上；数字化生态系统集成率达到40%以上
	智能交易（智能化）	可响应生态伙伴协同的活动需求，实现基于经验的推理决策，实现智能模型应用占比10%以上；非结构化数据使用率为30%	可动态响应生态伙伴协同的活动需求，实现基于数据协同的推理决策和多场景智能模型优化，实现智能模型应用占比40%以上；非结构化数据使用率为50%	打造以用户为中心的智慧生态服务方式，可按需响应和智能执行用户活动需求，实现基于大数据模型、共创、共创共享的智能模型，以及实现生态共建、共创、共享的智能数字生态模型，实现智能模型应用占比60%以上；非结构化数据使用率为70%以上

调整能力通过基于大数据及人工智能等数据模型的驱动和创新供应链模式来实现。

围绕上述2个关键要素，给出供应链协同在2025年、2030年、2035年的阶段性发展目标。

2025年，实现汽车供应链链条上关键业务场景数字化协同。在精准协作方面，支持供应链关键场景业务结果数据采集，支持供应链关键场景内需求数据的快速传递和响应，实现信息化系统集成率20%以上，订单交付周期缩短至3周~1个月。在动态调整方面，可基于数据分析建立供应商评价机制、需求预测等指导后续业务，实现系统预测准确率达到50%。

2030年，实现供应链全链条业务场景的数字化协同，打造柔性化模式。在精准协作方面，支撑供应链从采购、生产、配送到交付等全业务流程的状态、过程及结果数据的采集，可快速响应和柔性执行供应链上下游合作的汽车产品研发协同、运营协同、物流协同等上下游协同业务活动的多样化需求，实现信息化系统集成率60%以上，订单交付周期缩短至1周~2周。在动态调整方面，基于数据平台和数据模型，建立供应链风险预警和预测机制，增强供应链柔性化能力，实现系统预测准确率达到70%。

2035年，实现供应链全链条多级供应商、多级用户等全场景网络化协同，打造智能化个性定制的F2C（Factory to Customer）模式。在精准协作方面，支持供应链全链条业务流程及多级供应商、多级用户、设备、网络数据的智能感知和智能采集，通过去中间化、扁平化管理实现流程的优化创新,在线敏捷响应和精准执行个性化、全维度、全周期的全链条供应链合作需求,实现信息化系统集成率90%以上,订单交付周期缩短至1周以内。在动态调整方面,基于生态赋能平台和大数据决策模型,支持供应链业务流程的在线智能跟踪、认知协同和自学习优化,增强供应链订单响应、生产排程、需求预测等个性化定制流程的智能决策能力,实现系统预测准确率达到90%。

6.5.2 场景主线2:生态共建

生态共建技术路线的关键要素在于资源共享和智能交易。

资源共享是指供应链生态圈覆盖尽可能多的全场景供应链生态合作伙伴,通过建立信息共享平台实现生态合作伙伴间信息、知识、能力等多维度资源共享。

智能交易是供应链生态伙伴间实现活动需求的按需响应和智能执行,并基于数据模型和先进技术实现生态共建、共创、共享的群体性智能自学习优化和演变。

2025年,打造跨行业、跨领域的金融服务、商贸服务等关键数字化生态场景。在资源共享方面,于数字化生态场景内实现汽车生态合作伙伴之间信息、能力等资源的共享,例如,引入教育、文化、旅游、地产、体育、医疗等生态伙伴资源,打造全方位高质量的生活服务生态圈,使得生

第6章 汽车企业数字化转型子领域总路线图及细分板块路线图

态数据共享比例达到 30%;设施设备上云平台率达到 30%,数字化生态系统集成率为 20% 以上;数字化生态场景覆盖主体数量增长率为 10% 以上。在智能交易方面,可响应生态伙伴间的活动需求,实现基于经验的推理决策使得智能模型应用占比 10% 以上,非结构化数据使用率为 30% 以上。

2030 年,整合集成多领域数字化生态场景,打造统一的汽车产业链平台。在资源共享方面,整合多维度数字化生态场景,打造统一的汽车产业链平台,实现商贸、社交、金融等多领域汽车生态合作伙伴间信息、能力等资源的共享,如融合新型消费链、智能绿色交通链、智慧能源链、新基建链等为一体的绿色低碳与智能化发展综合解决方案。实现生态数据共享比例 50%;设施设备上云平台率达到 50%,数字化生态系统集成率为 60% 以上;数字化生态场景覆盖主体数量增长率为 20% 以上。在智能交易方面,可动态响应生态伙伴间的活动需求,实现基于数据模型的推理决策和合作活动的协同优化。实现智能模型应用占比 40% 以上,非结构化数据使用率为 50% 以上。

2035 年,打造全场景的智慧汽车生态圈,实现以用户体验为中心的智能服务新业态。在资源共享方面,基于大数据、物联网、新基建等先进技术,实现以用户为中心的用户全场景行为数据采集和共享,打造以用户为中心的用户、社交和生活服务的智慧生态服务方式。实现生态数据共享比例 70%;设施设备上云平台率达到 70%,数字化生态系统集成率为

80%以上；数字化生态场景覆盖主体数量增长率为40%以上。在智能交易方面，可按需响应和智能执行用户的活动需求，实现基于大数据模型和数字孪生的智能决策，以及实现生态共建、共创、共享的群体性智能自学习优化和进化。实现智能模型应用占比60%以上，非结构化数据使用率为70%以上。

6.6 营销领域数字化转型路线图

营销领域数字化转型路线图围绕全员营销、全域营销2个场景主线展开，包含核心要素有数据流通、智能决策。本节重点绘制营销领域各场景主线和核心要素在2025年、2030年、2035年三个不同阶段的发展目标，如表6.6所示。

表6.6 营销领域数字化转型路线图

营销领域路线图	2025年	2030年	2035年
整体目标	企业数字渠道灵活丰富可以针对特定群体精准营销，完成渠道策略和管理，实现策略优化	企业可以利用线上线下实时监控的数据，进行现状分析、机会风险分析，对产品营销进行预算、营销方案及目标的制定	企业能够实现营销活动的全面数据化，企业能够对营销效果实时掌握、改善调整十分便捷、在线时间和区域不受限制

第6章 汽车企业数字化转型子领域总路线图及细分板块路线图

续表

营销领域路线图		2025年	2030年	2035年
数字化营销	数据流通	实现销售部门的顶层设计，单个部门或单一环节相关业务的数字化、网络化和智能化发展取得效果，实现对多源异构数据的治理提供标准支撑，实现销售领域中车辆基本数据、车辆使用数据、客户运营数据、设备数据等数据资产在营销生态中50%的企业链间共享	针对营销数据链建立数字化平台，构建用户营销全旅程数字化，实现消费者数据、销售数据、产品数据等全流程数据要素在营销链企业中实时获取，支撑企业建立更加适合的服务体系，为客户提供管家式服务和极致体验，实现客户价值经营驱动，实现数据互联互通，资源动态匹配，实现数据在85%的营销链企业中的流通与共享	推动关键业务模式创新变革，构建打通企业外部的价值网络，与利益相关方共同形成新的价值模式，整合汽车销售市场生态圈金融保险数据、消费者数据、零部件数据等，实现数据互换与价值智能化交换，提升生态圈价值智能化创造能力和资源综合利用水平，实现营销价值链中各环节，各任务之间的数据驱动，实现数据在95%的营销链企业中的流通与共享
全域营销	智能决策	针对营销活动实现连续、快速的响应需求的变化，实现用户标签，用户需求推断，信息有效性分析等模型推理性决策，在15%的业务环节中应用智能模型进行决策，模型的准确率在85%以上	面向营销业务实现信息渠道分析，内容有效性预测，数据规划等模型推理和预测预警决策，实现营销能力的柔性动态提升，针对不同需求实现调整和细分，针对产品生命周期实现不同营销业务规划和流程的贯通和重构，实现营销任务的自由调整，提升延伸服务和衍生服务创新水平，在30%的业务环节中应用智能模型进行决策，模型的准确率在90%以上	针对营销业务，可以自动执行大量需求变化列表中需求度最高、影响最大的需求，并实现快速交付，从而满足持续精细化细分的用户需求和场景，实现大数据层面的触点、内容、数据的使用和投入成本决策，实现可能收益和舆论反应的预测预警，针对关键技术、业务系统，建立措施、制度，实现数据可控，策略可视，运维自动化，在60%的业务环节中应用智能模型进行决策，模型的准确率在95%以上

数字化营销技术路线的关键要素在于数据流通及智能决策。

数据流通是指为营销生态内合作伙伴构建统一的数据平台架构,通过营销生态网络构建合作伙伴的价值创造联调,使用统一标准,利用各自的数据实现多源数据共享共用,定义新需求。

智能决策是指通过构建数据智能分析模型,构建数据智能驱动的决策与管理模式,以实现动态战略优化为目标的触点、内容、数据的智能采集、分析、管理和研究,最终实现智能预警预测。

2025年,实现营销渠道的数据共享互通,实现策略优化管理、以数字技术驱动为基础的运营管理决策模式。在数据流通方面,实现销售部门的顶层设计,单个部门或单一环节相关业务的数字化、网络化和智能化发展取得效果,实现对多源异构数据的治理提供标准支撑,实现销售领域中车辆基本数据、车辆使用数据、客户运营数据、设备数据等数据资产在营销生态中50%的企业链间共享。在智能决策方面,针对营销活动实现连续、快速的响应需求的变化,实现用户标签,用户需求推断,信息有效性分析等模型推理性决策,在15%的业务环节中应用智能模型进行决策,模型的准确率应在85%以上。

2030年,突破营销生态企业间的数据限制,对产品营销进行预算、营销方案及目标的制定等关键任务实现自动化决策。在数据流通方面,针对营销数据链建立数字化平台,构建用户营销全旅程数字化,实现消费者数据、销售数据、产品数据等全流程数据要素在营销链企业中实时获取,支撑企业建立更加适合的服务体系，为客户提供管家式服务和极致体验，实现客户价值经营驱动，实现数据互联互通，资源动态匹配，实现数据在85%的营销链企业中的流通与共享。在智能决策方面，面向营销业务实现信息渠道分析、内容有效性预测、数据规划等模型推理和预测预警决策，实现营销能力的柔性动态提升，针对不同需求实现调整和细分，针对产品生命周期实现不同营销业务规划和流程的贯通和重构，实现营销任务的自由调整，提升延伸服务和衍生服务创新水平，在30%的业务环节中应用智能模型进行决策，使得模型的准确率在90%以上。

2035年，通过营销生态方面构建品牌竞争优势，突破圈层，实现跨界价值，企业间实现高度协同，数据共研共用，模型全面影响生态内各个关键企业，形成多机构联合创新机制。在数据流通方面，推动关键业务模式创新变革，构建打通企业外部的价值网络，与利益相关方共同形成新的价值模式，整合汽车销售市场生态圈金融保险数据、消费者数据、零部件数据等，实现数据互换与价值智能化交换，提升生态圈价值智能化创造能力和资源综合利用水平，实现营销价值链中各环节、各任务之间的数据驱动，实现数据在95%的营销链企业中的流通与共享。在智能决策方面，针对营销业务，可以自动执行大量需求变化列表中需求度最高、影响最大的需求，并实现快速交付，从而满足持续精细化细分的用户需求和场景，实现大数据层面的触点、内容、数据的使用和投入成本决策，可能收益和舆论反应的预测预警；针对关键技术、业务系统，建立措施、制度，实现数据可控，策略可视，运维自动化，在60%的业务环节中应用智能模型进行决策，模型的准确率应在95%以上。

6.7 售后领域数字化转型路线图

售后领域数字化转型路线图围绕传统售后智能化、新兴售后网联化两个场景主线展开，包含设备设施在线率、服务平台渗透率、重点流程在线触达率、售后需求在线满足率、服务精准率等核心要素。本节重点绘制售后领域的场景主线和核心要素在2025年、2030年、2035年三个不同阶段的发展目标，如表6.7所示。

表6.7 售后领域数字化转型路线图

售后领域路线图		2025年	2030年	2035年
整体目标		新兴售后业务收入占比达50%，实现基于企业级数据的售后业务决策；基于智能网联发展实现远程OTA升级、远程诊断等业务变革	新兴售后业务收入占比达70%，实现基于产业链级数据的售后业务决策，基于数据的产业链级高频交互融入产业变革	新兴售后业务收入占比90%以上，实现基于生态级数据的售后业务决策，依托生态主体的广泛互联探索用户需求的精准把控
传统售后智能化	设备设施在线率	强化工具数据采集能力，实现传统售后业务云化迁移，设备设施在线率提高至50%以上	强化工具信息交互能力，实现售后设备、系统间信息流通及交互，设备设施在线率提高至80%以上	强化工具协调执行能力，部署覆盖售后全场景、全流程、全主体的设备设施及管理系统，使得设备设施在线率基本达到100%

续表

售后领域路线图		2025年	2030年	2035年
传统售后智能化	服务平台渗透率	打造覆盖多场景的移动端服务平台，使得服务平台渗透率提升至50%以上	产业链上下游企业核心系统广泛互联，使得服务平台渗透率提升至80%以上	实现工具上云上平台及生态互联，实现售后工具生态一体化分析、反馈，服务平台渗透率基本达到100%
传统售后智能化	重点流程在线触达率	实现用户服务触达端、用户反馈端的流程自主性、标准化，使得重点流程在线触达率提高至50%	解构、重塑售后服务流程，加强基础服务流程标准化、规范化建设，使得重点流程在线触达率提高至70%	动态完善售后服务流程梳理，提高服务售后业务生态配合度，使得重点流程在线触达率提高至90%
新兴售后网联化	售后需求在线满足率	实现企业级数据在线化交互，基于车联网数据优化售后业务，使得售后需求在线满足率提升50%	实现企业与充电桩、换电站等各产业链主体的数据在线交互、重点行动在线协同，使得售后需求在线满足率提升至80%	实现生态级主体间在线交互及协同，使得售后需求在线满足率提升至100%
新兴售后网联化	服务精准率	打通企业内部各业务环节用户交互数据，梳理用户特征及需求，使得服务精准率提升至50%	打通售后产业链各方数据，构建动态车辆画像，提供差异化产品及服务，使得服务精准率提升至80%	打通售后生态数据，补充路、环境等数据，完备用户画像及用户需求预测，使得服务精准率提升至100%

6.7.1 场景主线1：传统售后智能化

传统售后智能化技术路径可通过设备设施在线率、服务平台渗透率、重点流程在线触达率3个量化指标进行描述。

2025年，强化工具数据采集能力，实现传统业务云化迁移，打通企业核心数据采集系统，打造聚合多场景的移动端服务平台，使得设备设施在线率提高至50%以上，服务平台渗透率提升至50%以上。实现标准流程在线化，提高用户服务触达端、用户反馈端等低技术壁垒环节的服务自主性、标准化，使得重点流程在线触达率提高至50%。

2030年，强化工具信息交互能力，从产业链上下游需求出发，进一步完善售后数据采集触点，实现企业核心系统与产业链相关系统的广泛互联，以及相关售后设备、系统间信息的流通及交互，使得设备设施在线率提高至80%以上，服务平台渗透率提升至80%以上。实现产业链关键环节在线化，围绕售后服务平台需求，解构、重塑售后服务流程，进一步提高基础服务流程标准化、规范化建设，使得重点流程在线触达率提高至70%。

2035年，强化工具协调执行能力，部署覆盖售后全场景、全流程、全主体的设备设施及管理系统，实现工具上云上平台及生态互联，实现售后工具生态一体化分析、反馈，使得设备设施在线率、服务平台渗透率基本达到100%。生态业务触达在线化，随着售后服务生态不断外延，动态完善售后服务流程梳理，提高服务售后业务生态配合度，使得重点流程在线触达率提高至90%。

6.7.2 场景主线2：新兴售后网联化

新兴售后网联化技术路径可通过售后需求在线满足率、服务精准率两个量化指标进行描述。

2025 年，企业级数据在线交互，依托数字工具部署及智能网联技术的发展，完善售后信息采集触点，实现企业级数据在线化交互，探索基于车联网数据的售后业务优化，使得需求在线满足率提升至 50%。从业务出发搭建用户画像，基于企业内部各业务环节用户交互数据的沉淀，多维度梳理用户需求差异点，并基于用户多维度特征，提供针对性服务，使得服务精准率提升至 50%。

2030 年，产业链数据在线交互，依托数字技术的全面部署，联结售后产业链各主体，实现企业与充电桩、换电站等相关主体的数据在线交互、重点行动在线协同，使得售后需求在线满足率提升至 80%。从服务出发搭建车辆画像，在产业链互联互通的基础上，基于车辆与服务主体的动态交互，构建动态车辆画像，实现服务路径追踪及售后需求识别，打通售后服务链条，基于画像提供差异化产品及服务，使得服务精准率提升至 80%。

2035 年，生态数据在线交互，依托生态主体的广泛互联，实现生态级主体间在线交互及协同，使得售后需求在线满足率提升至 100%。从行为痕迹出发搭建多方交互画像，打通售后生态数据，补充路、环境等数据，完备用户画像及用户需求预测，使得服务精准率提升至 100%。

6.8 服务领域数字化转型路线图

服务领域数字化转型路线图围绕出行服务平台、出行服务模式两个场景主线展开，包含平台搭建、生态搭建、智能技术和解决方案等核心要素。本节重点绘制服务领域各主线和核心要素在2025年、2030年、2035年三个不同阶段的发展目标，如表6.8所示。

表6.8 服务领域数字化转型路线图

服务领域路线图	2025年	2030年	2035年
整体目标	基本完善基础设施，网约车、共享汽车、智慧物流、能源服务等业务逐渐成熟，出行业务从大城市、沿海城市向二三线城市、内陆城市进行延伸，汽车产业整体利润已经从制造销售逐渐转向服务，提供出行服务将成为车企未来重要的利润来源，出行业务总和占企业产值的10%，网约车、共享汽车、智慧物流、能源服务的占比分别为40%、20%、20%、20%	通过打造出行管理平台，让数据、让用户，甚至让其他企业接入，构建基于平台的数据共享机制，实现车辆信息、地图信息、驾驶数据等资源的共享及汇聚，逐渐开展出行业务向能源服务和Robotaxi等新业务集中，出行业务总和占企业产值的15%，网约车、共享汽车、智慧物流、能源服务、Robotaxi的占比分别为35%、15%、15%、20%、15%	Robotaxi成为主流出行服务业务形态，"智能驾驶+出行平台+出行的网络化"构成未来出行服务商的一个重要的功能要素，通过提供多样化的出行用户服务，跨行业提供互联网金融、旅行服务、二手车交易等集合用户生活各方面的服务，打造出行服务生态，此时出行业务占企业总产值的20%，基本达到生态级数字化阶段，完成从汽车制造商向出行服务商的转型，此时网约车、共享汽车、智慧物流、能源服务、Robotaxi的占比分别为10%、10%、15%、25%、40%

第6章 汽车企业数字化转型子领域总路线图及细分板块路线图

续表

服务领域路线图		2025年	2030年	2035年
出行服务平台	平台搭建	共享出行服务的数智监管、个性化出行需求管理,以及平台在线决策优化逐步得以实现	全景再现共享出行供需时空演化规律,网约共享出行平台的智能匹配、优化调度和动态定价等多种策略动态优化	企业出行服务的算力、算法、物联、安全等能力大幅提升,通过建设统一平台对各生态合作伙伴的生产设备、监测设备、视频设备等进行实时、全量、标准的数据接入和模型化处理
	生态搭建	电动汽车和无人驾驶技术的成熟促进出行服务平台运营成本降低,主机厂背景出行服务获得较快用户增长,多模式业态进一步融合	跨行业出行平台加速融入出行生态圈,出行市场主体更加多元化,为政府监管和平台管理提供技术支撑	以汽车出行场景为载体,拓宽汽车企业出行服务边界,营造互利共赢的出行服务生态
出行服务业务	智能技术	实现对自动驾驶汽车数据分类分级,并在Robotaxi业务上进行综合应用	建立Robotaxi出行服务数据分类分级的管理制,实现多场景取代传统人车模式,并扩展出新业务	环境感知技术等技术得以成熟,Robotaxi各算法精度、可靠性、响应能力和效率可以满足复杂行驶工况和车辆模型参数动态变化的需求
出行服务业务	解决方案	出行服务公司形成管理和控制经营活动的企业架构	企业对Robotaxi业务及所需技术进行深层次变革与长远战略布局,实现交通设施与网联智能交通系统融合一体化,形成完全数字化的网联自动驾驶交通系统,使得Robotaxi可替代率达到50%以上	核心软件技术合作进一步放开,加大商业化推广的方式及力度,遵照政府政策进行自动驾驶商业化市场行为,与产业链的相关企业开展紧密合作

6.8.1　场景主线1：出行服务平台

出行服务平台技术路径可通过平台搭建、生态搭建两个关键要素进行描述。

2025年，在平台搭建方面，随着云计算、深度学习、强化学习等新兴技术的发展，共享出行服务的数智监管、个性化出行需求管理及平台在线决策优化逐步得以实现。在生态搭建方面，出行服务平台模式往纵深发展，电动汽车与无人驾驶的逐渐成熟促进运营成本降低，主机厂背景出行服务获得较快的用户增长，网约车与出租车等多模式业态将融合，市场竞争与合作进入新阶段。

2030年，在平台搭建方面，使用自适应自感知的多任务动态学习核心方法和去中心化多智能体强化学习框架，全景再现共享出行供需时空演化规律，实现网约共享出行平台的智能匹配、优化调度和动态定价等多种策略动态优化。在生态搭建方面，网约车平台不断打破业务及行业边界，促进数据融合、平台聚合，建成包括新老造车势力、新兴汽车科技公司、出行平台、地图平台、互联网汽车开放平台，推动出行生态圈建设。同时，通过合纵连横，创新发展，搭建广义的出行市场，为政府监管和平台管理提供技术支撑。

2035年，在平台搭建方面，企业出行服务的算力、算法、物联、安全等能力大幅提升，通过建设统一平台对各生态合作伙伴的生产设备、监测设备、视频设备等进行实时、全量、标准的数据接入和模型化处理，赋能其数字化经营能力构建完善。在生态搭建方面，以汽车出行场景为载体，不断拓宽汽车企业出行服务边界，完善跨界生态赋能，加速汽车产业融合发展，使出行与公务商务、购物消费、休闲娱乐相互渗透的"智能移动空间"，营造互利共赢的出行服务生态，带来全新的出行体验。

6.8.2 场景主线2：出行服务业务

出行服务业务技术路径可通过智能技术、解决方案两个关键要素进行描述。

2025年，在智能技术方面，实现对自动驾驶汽车数据分类分级，并在Robotaxi业务上进行综合应用。明确不同数据主体数据主权边界，平衡安全保护和产业创新关系，能够将种类繁多且交叉融合的自动驾驶数据归纳并应用。在解决方案方面，随着公司的发展，目标的变化，战略的制定，形成管理和控制经营活动的整体框架。汽车企业单独构建出Robotaxi部门，开始在城市区域内开展试点示范运营。

2030年，在智能技术方面，Robotaxi可实现多场景取代传统人车模式，并扩展出许多新的业务。建立Robotaxi出行服务数据分类分级的管理制度。机器学习等多种算法也将融合，例如，路径规划的多种算法融合，局部路径规划核心方法与全局路径规划核心方法结合或者经典核心方法和启发式核心方法相结合。在解决方案方面，汽车企业对本身 Robotaxi 业务及所需技术进行深层次的变革与长远的战略布局，大环境实现了交通设施与网联智能交通系统融合一体化，形成完全数字化的网联自动驾驶交通系统，Robotaxi 可替代 50% 以上传统汽车。

2035 年，在智能技术方面，环境感知技术等技术得以成熟，Robotaxi 各算法精度、可靠性、响应能力和效率可以满足复杂行驶工况和车辆模型参数动态变化的需求。在解决方案方面，核心硬件技术寻求多方合作将核心软件技术开放进一步敞开，加大商业化推广的方式及力度，遵照政府政策进行自动驾驶商业化市场行为与产业链的相关企业开展紧密合作。Robotaxi 为出行服务带来了低成本、低风险和低能耗的智能化出行方式与服务体验。

第7章
战略支撑与保障措施

7.1 国家层面

7.1.1 完善转型顶层设计

为有效推动数字中国建设重大战略部署，激发数字经济发展动能，提升行业企业数字化转型创新动力，推动数字技术与实体经济深度融合，政府应积极发挥政策引导作用，完善数字化转型发展路径、技术创新、财政支撑等多类政策，引导行业转型发展，推动构建大中小企业融合生态圈。一是制定数字化转型发展路径。明确短期、中期、长期数字化转型发展目标，推动企业认清自身转型现状、对标先进企业，同时可对中央企业提出数字化转型考核指标，鼓励国资央企发挥龙头企业引领带动作用，推动产业链供应链中小型企业协同发展。二是提供技术创新政策指引。当前，我国部分核心技术和产品仍旧受制于人，科技创新和发展面临困境，在行业企业"上云用数赋智"巨大需求的牵引下，为有效实现供给和需求的有效适配，政府需从政策层面推动"卡脖子"技术攻关，并鼓励国内基础技术和产品的大规模提速应用，加快5G、物联网、数据中心、量子计算等新型基础设施建设，提高技术创新产业链效能。三是强化数字化转型财政支撑。推动企业数字化转型是提高我国核心竞争力的重要途径，但部分中小型企业面临生产经营、运营管理、业务模式创新等多个方面的转型需求，资金筹措不足成为制约其转型发展的重要难题，为帮助企业摆脱困境，政府可对相关产业和地区增加数字化转型财政支撑，提高企业资金、人才等多种资源投入力度，提高行业企业转型成效。

7.1.2　加强数据安全监管

近年来，我国数据红利优势不断显现，打破数据孤岛、提升数据价值成为重要政策导向，但随之而来的数据确权、数据安全等问题不容忽视。在数据开放共享的大环境下，从政府层面研究制定数据安全相关政策，是推动行业企业探索数据价值，完善数据共享机制的关键一步。一是坚持数据安全底线思维。加强数据上云和打造灾备架构建设，通过计算、存储、可视化等功能实现对数据全生命周期的有效监管，明确网络安全、数据隐私、技术伦理等法规、框架，引导市场数据有序流通及融合，有效保护高价值数据安全，提升数据运行速率。二是鼓励数据安全研究应用。当前我国在数据安全方面依旧存在技术短板，政府侧通过推动政、产、学、研、用融合，支持数据安全技术研究，开发、培育、迭代数据安全产品及产业体系，进而实现数据安全领域技术推广应用和商业模式创新。三是推动数据融合打通。在保证数据安全的前提下,通过"上云"能激活行业企业保存的大量数据资源,提高数据更新使用频率,加强跨行业、跨企业不同类型的数据融合应用,帮助企业挖掘数据价值,改善业务"大而不强、大而不优"的问题,为数字化转型奠定基础。

7.2 行业层面

7.2.1 树立先进行业标杆

当前,数字化转型已进入深水区,企业转型发展不均衡的问题逐渐凸显,从行业层面统筹推动数字经济重大工程和试点示范建设,打造可复制、可推广的先进标杆案例,已经成为引领带动行业发展的重要举措。一是开展试点示范建设。发布行业试点示范征集通知,打造国产化"灯塔工厂"品牌,构建试点示范企业评估标准规范,以企业需求为导向,开展数字化转型试点示范建设,形成成熟的系统性解决方案,并通过组织试点示范评奖评优,调动、提高企业数字化转型积极性、主动性。二是构建企业对标体系。部分企业对自身数字化转型现状认识不清晰,亟须寻找标杆认清差距、弥补短板。构建行业企业对标体系，推动先进企业经验交流合作，分享各类数字化工具应用情况，归纳总结领先企业的数字化转型成功经验典型模式和实现路径，对引领带动行业转型发展具有重要作用。三是加强央地试点示范协同联动。数字化转型发展具有区域性特点，通过加强对国家数字化转型相关政策在地方政府的宣传推广，强化中央与地方行业试点示范工作协同，实现各类示范区、试验区协同联动，能够有效推动行业数字化转型区域性均衡发展。

7.2.2 加快制定行业标准

随着新兴技术的广泛应用和商业模式的更新迭代，技术标准不统一、各环节数据未贯通、数字人才难定义等问题层出不穷，全产业链标准及重点领域共性标准研制工作亟待深化。一是制定新兴技术标准。当前"数实融合"正处于系统化、全方位融合的关键时期，却普遍存在技术应用与行业需求适配性不强、不同数字工具难以打通、互操作性弱等问题。完善数字技术标准，发挥技术标准统领作用，增强数字化转型核心技术供给，促进工具集成打通，对降低传统企业技术使用门槛和成本，推动核心技术自主化具有重要作用。二是推进供应链数据标准体系建设。加快制定数字化供应链产品信息、数据采集、指标口径、交换接口、数据交易等关键共性标准，加强行业间数据信息标准的兼容，促进数字化供应链数据高效传输和交互。推动企业提高数字化供应链管理流程标准化水平，推进供应链服务标准化，提高供应链系统集成和资源整合能力。三是完善数字人才标准定义。数字化转型不仅是一次技术浪潮，更是一项数字人才管理命题，数字人才是驱动行业发展和转型的重要力量。部分企业存在数字人才定义不清晰、人才队伍结构不完善等问题，导致企业数字化转型进程缓慢。制定数字人才标准，完善数字人才标准化评价体系，加强不同层级、不同背景数字人才培育，实现高端人才引进是推进行业转型发展的重要途径。

7.3 企业层面

7.3.1 加强数字人才培育

数字人才是企业转型发展的关键引擎，当前员工对数字化转型认知不足制约着企业转型的发展。从企业层面来说，加强数字人才培育，增强员工创新意识，打通数字人才上升通道势在必行。一是积极开展数字人才培训。集聚政、产、学、研、用优质讲师资源，在企业内部开展面向不同层级员工的培训，围绕数字化转型战略蓝图、企业转型架构、传统业务优化升级与新兴数字业务能力建设、系统性解决方案开发、数字化治理等多个方面制定系统培训课程,并基于课程内容以部门或小组为单位开展交流研讨,分享不同层级员工对企业转型工作见解,推动企业统一转型思想,加强业务创新转型。同时,鼓励数字人才积极参与外部机构组织的数字化转型集中培训,开拓转型思维,积极听取先进标杆企业经验,与转型成功企业、优质供应商、高校及科研机构等建立联系,为企业数字化转型提供创新思想。二是加强基层员工创新意识。积极参与或带头组织基层员工创新大赛,以生产经营一线实际问题为导向,制定针对单元级、产线级等层级场景的解决方案,并对创新成果组织专家进行评奖评优,促进基层员工数字化转型交流学习,培养基层员工的创新意识。同时,在企业内部打造基层员工优秀创新团队标杆,引领带动其余员工参与转型工作的积极性、主动性。三是畅通数字人才上升渠道。鼓励企业建立健全数字人才上升通道,围绕管理、业务、技术等不同职业定位制定明确的个人发展路径,做到不同岗位员工薪酬管理制度公开透明,为员工职业发展提供多种选择,增强员工数字化转型的积极性和主动性。

7.3.2 推动产业融合发展

汽车产业跨界融合加速兴起,汽车企业承载着中国汽车工业数字化转型的重要使命,推动打造协同创新平台、坚持开放合作、加强跨界融合成为企业实现协同共赢发展的关键路径。一是推动打造协同创新平台。为加快推动生态合作伙伴间资源、业务、能力等要素的共建、共用、共享，助力打造数字化转型协同创新平台，借助平台服务保障、牵引带动、桥梁纽带能力，赋能企业自身转型发展、增强数字技术创新，积极参与并牵头开展智库建设、试点示范、人才培育、协同创新、会议活动等多项工作，推动构建汽车产业数字生态。二是坚持开放协同合作。搭建跨企业、跨行业、跨产业资源共享平台，完善开放合作体系建设，充分发挥龙头企业作为产业链链长的优势，实现强链、固链、补链、延链，引领带动中小企业协同发展，打造互利共赢的产业新生态。同时，加强与海外企业的交流合作，借鉴国外数字化转型先进经验，及时弥补自身不足，积极开展自主化探索。三是加强跨界产业融合。当前汽车产业边界日益模糊，除传统整车企业、供应商和经销商以外，"电池、电机、电控"企业、信息通信技术企业、全新硬软件科技公司，新的运营商、服务商、内容商及新基础设施公司等正在快速融入汽车产业。加强跨界企业融合发展，将有力推动企业向移动出行服务提供商或科技公司转变，使智慧交通、智慧城市、智慧金融等多领域深度融合，助力新型汽车产业生态圈建设。

第8章
结论与展望

当今世界正经历百年未有之大变局，以新一代信息技术为核心的科技革命和产业变革加速兴起。汽车产业作为国民经济的重要支柱产业，是制造强国和网络强国的重要载体。为促进汽车企业在数字时代顺利转型，本书分析数字化转型的基本定义、典型特征、体系架构，构建起汽车企业数字化转型体系架构；明晰数字场景驱动数字化转型的实施路径；针对汽车产业的行业特点，总结行业数字化转型的发展现状、问题及趋势；构建汽车企业数字化转型路线图三层级架构，立足发展愿景、阶段性目标、核心能力、系统性解决方案、治理体系5个方面，制定汽车企业数字化转型总体路线图；结合产品、研发设计、试验测试、生产制造、供应链、营销、售后、出行8个业务领域，制定子领域总路线图及细分板块路线图；提出推动汽车企业数字化转型的战略支撑及保障措施。对于以上内容，得出如下结论。

（1）针对汽车企业数字化转型的体系构建，本书在了解数字化转型的基本定义、典型特征、体系架构的基础上，构建起包括发展战略、业务创新、核心能力、共性技术支撑和运营管理保障5个部分的汽车企业数字化转型体系架构。其中，发展战略为企业整体和各个业务领域的数字化转型计划提供指引，向企业的业务创新和核心能力的升级与转型提出需求；业务创新对企业核心能力的升级和转型提出需求；核心能力的建设与升级对共性技术支撑与运营管理保障提出需求；共性技术支撑为核心能力与业务创新提供技术支持；运营管理保障从制度与治理的维度为核心能力与业务创新提供管理保障。

（2）针对数字场景驱动数字化转型的实施路径，研究认为数字场景作为推动企业数字化转型的关键落脚点，是支撑数字化转型体系架构落地的最优解，能够通过从"企业–产业–市场"三个维度以直接或间接的方式推动企业数字化转型发展。同时，随着场景概念随时代发展的不断演变，数字场景创新已经成为汽车企业数字化转型的创新范式，其聚焦单元级、部门级场景，坚持价值导向、问题导向，对业务流程、业务对象等关键要素进行快速识别与抽象提炼，打造场景建设能力模块与适配的数字技术、平台及软硬件，推动企业数字场景创新工作动态化、持续化、敏捷化高效开展。最后，该部分研究内容提出数字场景创新"五部曲"，为企业场景创新工作落地实践提供方法论指引。

（3）针对汽车企业数字化转型的现状、问题、需求及趋势，本书从发展战略、业务创新转型、新型能力、治理体系、系统性解决方案5个方面进行分析。在发展战略方面，当前数字化转型上升为汽车企业的核心战略，但部分车企仍然存在转型战略不清晰的问题，需完善数字化转型顶层设计，未来数字化转型将上升为企业的"一把手工程"。在业务创新转型方面，当前汽车产业推动业务内容由"产品"转向"产品＋服务"，但部分企业尚未厘清业务转型体系，亟须完善业务转型体系，未来汽车企业服务领域业务价值占比将提升。在新型能力方面，当前车企围绕研产供销服各价值链环节开展能力建设，但技术研发、数据治理等核心能力不足，仍需开展新型能力打造，未来汽车产业价值链不同环节的数字化水平将全面提高。在治理体系方面，当前汽车企业不断推进治理体系优化升级，但治理体系仍不健全，需建立与数字化转型相匹配的治理体系，未来汽车企业治理体系将得到深度重塑。在系统性解决方案方面，当前汽车企业充分应用数字技术实现企业转型升级，但是关键核心技术亟待突破，需加强关键核心技术攻关，未来汽车企业的数字化转型会将数字、技术与业务深度融合。

（4）针对汽车企业数字化转型总体路线图，本书构建了汽车企业数字化转型路线图三层级架构，包括总体路线图、子领域总路线图及细分板块路线图，并阐述三部分逐级拆解的逻辑关系。其中，对于总体路线图，提出汽车企业数字化转型发展愿景是完成从汽车制造商向出行服务商的转型，打造科技公司，实现"软件定义汽车"；给出汽车企业数字化转型在2025年、2030年、2035年的阶段性发展目标；按产品、研发设计、试验测试、生产制造、供应链、营销、售后、出行8个价值链环节划分核心能力，并探究支撑各能力实现的18条场景主线；绘制出系统性解决方案的数据、技术、流程和组织四要素，以及治理体系的数字化治理、组织机制、管理方式、组织文化四要素在2025年、2030年、2035年不同阶段的发展目标。

（5）针对汽车企业数字化转型子领域总路线图及细分板块路线图，提出产品、研发设计、试验测试、生产制造、供应链、营销、售后、出行8

个价值链环节场景主线的整体目标，以及场景主线对应的核心要素，给出各要素在 2025 年、2030 年、2035 年达到的阶段性目标，为推动汽车产业细分领域转型发展奠定基础。

（6）对于战略发展方向与保障措施，从国家、行业及企业三个层面，提出推动汽车企业数字化转型的战略支撑与保障措施，助力企业转型价值创造与成效提升。

汽车企业数字化转型路线图为汽车企业进行数字化转型提供了路径依据，对于支撑政府制定数字化转型政策，推动汽车行业打造转型样板等方面具有重要意义。

参考文献

[1] 中华人民共和国国民经济和社会发展第十四个五年规划和2035年远景目标纲要[N].人民日报,2021-03-13(1).

[2] 吕铁.传统产业数字化转型的趋向与路径[J].人民论坛·学术前沿,2019(18):13-19.

[3] 孔存玉,丁志帆.制造业数字化转型的内在机理与实现路径[J].经济体制改革,2021(6):98-105.

[4] 张发贵,石刚,唐灵聪.汽车动力总成数字化工艺平台开发及应用[C]//中国汽车工程学会(China Society of Automotive Engineers).2021中国汽车工程学会年会论文集(5),机械工业出版社(CHINA MACHINE PRESS),2021:5.

[5] 马健,董洪鹏.汽车开发项目数字化精益管理探索[J].数字技术与应用,2021,39(9):228-230.

[6] 郝皓,蔡如意,陶世鹏.数字化转型时代下新能源汽车智能化发展研究[J].时代汽车,2022(2):118-120.

[7] 吴江,陈婷,龚艺巍,等.企业数字化转型理论框架和研究展望[J].管理学报,2021,18(12):1871-1880.

[8] 仲崇高,王立彦.场景驱动的创新:价值、逻辑与中国实践[J].中国商论,2023(19):139-142.

[9] 尹西明,苏雅欣,陈劲,等.场景驱动的创新:内涵特征、理论逻辑与实践进路[J].科技进步与对策,2022,39(15):1-10.

[10] 刘通. 数字化转型，汽车产业链发展新动能[J]. 汽车纵横, 2021
（11）: 58-62.

[11] 赵涛, 文祥, 牟鸣飞, 等. 汽车企业供应链数字化转型现状与趋势研究
[J]. 南方农机, 2022, 53（10）: 135-138, 142.

[12] 马欣, 于宏扬. 汽车企业售后业务数字化转型升级[J]. 汽车与配件,
2022（2）: 62-64.

[13] 李斌. 中国大型汽车制造企业数字化转型路径研究[D]. 吉林大学, 2020.

[14] 张关华, 王涟清, 陆阳, 等. 基于全生命周期的整车开发BOM质量数字
化管理[J]. 汽车实用技术, 2020（12）: 260-265.

[15] 王时龙, 王彦凯, 杨波, 等. 基于层次化数字孪生的工业互联网制造新
范式——雾制造[J]. 计算机集成制造系统, 2019, 25（12）: 3070-3080.

[16] 陈浩然, 冯毅, 夏禹. 车联网行业发展研究[J]. 邮电设计技术, 2020
（3）: 60-64.

[17] 彭张林, 张爱萍, 王素凤, 等. 综合评价指标体系的设计原则与构建流程
[J]. 科研管理, 2017, 38（S1）: 209-215.DOI:10.19571/j.cnki.1000-2995.2017.
s1.030.

[18] 盛济川, 吉敏, 朱晓东. 内向和外向开放式创新组织模式研究——基于
技术路线图视角[J]. 科学学研究, 2013, 31（8）: 1268-1274.

[19] 汪雪锋, 邱鹏君, 付芸. 一种新型技术路线图构建研究——基于SAO结
构信息[J]. 科学学研究, 2015, 33（8）: 1134-1140.

[20] 陈媛媛. 基于技术路线图的北京基因编辑产业发展战略研究 [J]. 科技管理研究, 2023, 43（4）: 127-135.

[21] 傅翠晓, 庄珺, 沈应龙, 等. 面向战略需求的产业技术路线图方法体系研究 [J]. 科技管理研究, 2022, 42（7）: 137-143.

[22] 孟凡生, 李晓涵. 中国新能源装备智造化发展技术路线图研究 [J]. 中国软科学, 2017（9）: 30-37.

[23] Issa A, Hatiboglu B, Bildstein A, et al. Industrie 4.0 roadmap: Framework for digital transformation based on the concepts of capability maturity and alignment[J]. Procedia CIRP, 2018, 72.

[24] Erol S, Schumacher A, Sihn W. Strategic guidance towards Industry 4.0 - a three-stage process model[C]//International Conference on Competitive Manufacturing. 2016.

[25] Robert Galvin. Science Roadmaps[J]. Science Magazine, 1998, 280（5365）: 803.

[26] Prober D, Radnor M. Technology Roadmapping[J]. Research Technology Management, 2003, 46（2）: 27.

[27] Phaal R, Farrukh C J P, Probert D R. Technology roadmapping—A planning framework for evolution and revolution [J]. Technological Forecasting & Social Change, 2004, 71（1-2）: 5-26.

[28] Geum Y, Lee S, Park Y. Combining technology roadmap and system dynamics simulation to support scenario-planning: A case of car-sharing

service[J]. Computers & Industrial Engineering, 2014, 71（1）: 37-49.

[29] Rivero A R G, Daim T. Technology roadmap: Cattle farming sustainability in Germany[J]. Journal of Cleaner Production, 2017, 142: 4310-4326.

[30] Jeffrey H, Sedgwick J, Robinson C. Technology roadmaps: An evaluation of their success in the renewable energy sector[J]. Technological Forecasting & Social Change, 2013, 80（5）: 1015-1027.